Kochen und Essen wie in Afrika

Rezepte der Einwanderer
von Marokko bis Südafrika

Kochen und Essen wie in Afrika versammelt nicht nur Gerichte afrikanischen Ursprungs. Es lässt auch die Migrationserfahrungen der Köchinnen und Köche lebendig werden und versteht sich als Beitrag zur Weiterentwicklung einer multikulturellen Gesellschaft.

Die Realisierung eines derartigen Vorhabens war ein langwieriger und aufwändiger Prozess. Ziel war es, unterschiedlichste Menschen aktiv in die Arbeit an dem Buch einzubeziehen. Entstanden ist ein Werk, das neugierig macht auf den Reichtum der afrikanischen Küche.

Detailliert wird über Zutaten und Zubereitung informiert. Das Buch erzählt von afrikanischen Koch- und Essgewohnheiten und gewährt Einblicke in afrikanisches Leben in Mitteleuropa.

Ghirmay Habton, geboren 1958 in Asmara, Eritrea. Floh 1980 nach Deutschland. Lebte zunächst in Göttingen, ab 1991 in Frankfurt am Main. Gründete dort 1998 mit seiner Frau Yordanos das afrikanische Restaurant und Kulturzentrum »Savanne«, das die beiden seit 2006 im mittelhessischen Lich betreiben.

Holger Hentschel, geboren 1959 in Altenburg/Thüringen; Elektronikstudium in Görlitz; 1989 Umzug nach Frankfurt am Main, arbeitet als Planungsingenieur für Automatisierungstechnik. Seit Mitte der 1990er Jahre unternimmt er Afrikareisen und hält Lichtbildvorträge über die besuchten Länder. Er lernte Ghirmay Habton in der »Savanne« kennen und wurde von ihm zur Mitarbeit an dem Buch gewonnen.

Kochen und Essen wie in Afrika

Rezepte der Einwanderer von Marokko bis Südafrika

Herausgegeben von Ghirmay Habton
Notiert und fotografiert von Holger Hentschel

Unter Mitarbeit von Volkhard Brandes

Brandes & Apsel

Auf Wunsch informieren wir regelmäßig über unser Programm:
Brandes & Apsel Verlag, Scheidswaldstr. 22
60385 Frankfurt am Main, Germany
Internet: www.brandes-apsel.de
E-Mail: info@brandes-apsel.de

Bildnachweis: Fotos Holger Hentschel. – Fotos Volkhard Brandes: hintere Umschlag-
klappe (2), S. 16, 32, 43, 50 (oben), 70, 77 (unten), 88 (oben), 102 (3), 119.

Nicht alle Rechteinhaber an den Zeichnungen konnten ermittelt werden;
deren Urheberrechte werden vorsorglich und ausdrücklich anerkannt.

Dieses Buch wurde nach bestem Wissen und Gewissen erarbeitet. Alle Rezepte
und Tipps wurden mit Sorgfalt ausgewählt und erprobt. Dennoch erfolgen alle
Angaben ohne Gewähr. Weder Verlag noch Autoren können für eventuelle Nachteile
oder Schäden, die aus den im Buch vorgestellten Informationen resultieren, eine
Haftung übernehmen.

4. Auflage 2021

1. Auflage 2014

Lektorat: Volkhard Brandes, Frankfurt am Main
Umschlag: Felicitas Alt, Brandes & Apsel Verlag Frankfurt am Main
unter Verwendung von Fotos von Holger Hentschel und Volkhard Brandes
(hintere Innenklappe), Frankfurt am Main.
DTP: Caroline Ebinger und Felicitas Alt, Brandes & Apsel Verlag Frankfurt am Main
Druck: STEGA TISAK d.o.o., printed in Croatia
Gedruckt auf säurefreiem, alterungsbeständigem und chlorfrei gebleichtem Papier.

Die Deutsche Nationalbibliothek verzeichnet diese Publikation in der
Deutschen Nationalbibliografie; detaillierte bibliografische
Daten sind im Internet über www.dnb.de abrufbar.

ISBN 978-3-95558-055-1

Inhalt

Westafrika

Zentral- und Ostafrika

Südliches Afrika

Westsahara

Marokko

Tunesien

Algerien

Lybien

Ägypten

Kap Verden

Mauretanien

Mali

Niger

Tschad

Sudan

Eritrea

Dschibuti

Senegal

Gambia

Guinea-Bissau

Guinea

Burkina Faso

Benin

Nigeria

Zentralafrikanische Republik

Süd-sudan

Äthiopien

Sierra Leone

Liberia

Ghana

Togo

Elfenbein-küste

Äquatorial-guinea

Kamerun

Republik Kongo

Uganda

Kenia

Somalia

São Tome und Principe

Gabun

Demokratische Republik Kongo

Ruanda

Burundi

Tansania

Sansibar

Komoren

Angola

Sambia

Malawi

Mosambik

Mauritius

Namibia

Simbabwe

Botswana

Madagaskar

Lesotho

Swasiland

Südafrika

Afrika

Einleitung

Das gemeinschaftliche Einnehmen einer Mahlzeit stellt in allen Kulturkreisen einen überaus wichtigen Bestandteil des Miteinanders dar. Ein gutes Essen bringt in Stimmung. Doch um ein gutes Essen zuzubereiten benötigt man – neben den Kenntnissen – auch die entsprechenden Zutaten. Deshalb haben sich die Zuwanderer aus Afrika im Laufe der Jahre bei uns eine eigene Versorgungsstruktur geschaffen. Unsere Großstädte verfügen über zahlreiche Geschäfte für afrikanische Lebensmittel. Betrieben von den Immigranten selbst, verfügen sie über eigene Importstrukturen, um die begehrten Lebensmittel aus ihren Heimatländern hier zur Verfügung zu stellen. Viele Produkte werden zentral über die Niederlande oder Frankreich importiert und dann europaweit ausgeliefert. Oft geschieht das gemeinsam mit nichtafrikanischen Geschäftsleuten. Manches wird sogar ausschließlich für Afrika-Shops in Europa hergestellt. Beispielsweise wird Trockenfisch in großen Mengen in Holland hergestellt und dann an die Afrika-Shops in ganz Westeuropa geliefert.

Mittlerweile geht es aber längst nicht mehr nur um das Essen. Betritt man beispielsweise einen der bekannten Ghana-Shops in Frankfurt am Main, sieht man manchmal zuerst nur Perücken, Haarteile und unzählige Packungen mit Bündeln von Kunsthaaren (Extensions). Dann fallen die Regale mit Kosmetika jeder Art ins Auge: Haarwäsche, Duschbad, Gesichtscreme, Körperöle – Special Products for Black Beauties.

Kaneshie African Shop im Frankfurter Bahnhofsviertel

Ein paar Stufen hoch, und man befindet sich in der Frisierecke – hier werden nicht nur Haare abgeschnitten, sondern auch angeknotet. Die Haare westafrikanischer Frauen kringeln sich, wachsen aber kaum in die Länge. Deshalb werden sie mit dem Idealhaar künstlich verlängert. Oft werden sie dann noch in dem als typisch geltenden afrikanischen Stil geflochten.

Im Erdgeschosss findet man auch noch eine kleine Schneiderecke. Eine Wand voll farbig gemusterter WAX-Stoffe sticht ins Auge. Das ist ein mit afrikanischen

Motiven bedruckter Baumwollstoff – eingekauft direkt in Holland. Schließlich designen und produzieren holländische Firmen diese Stoffe seit fast hundert Jahren für weite Teile Afrikas. Einige großformatige Poster an der Wand zeigen die gerade modernen Schnittformen für Kleider, Röcke und Kostüme.

Auf der anderen Seite erkennt man Kisten mit Kochbananen, Trockenfischen, Maniok, Yams… Und die Regale voller bei uns wenig bekannter Packungen: Fufu natürlich – die Beilage Nr. 1 in Ghana und Nigeria –, Couscous – wird von Nordafrika bis unterhalb der Sahara geliebt –, »echt afrikanische Maggi-Würfel« aus der Elfenbeinküste oder Nigeria. Für den Nachtisch gibt es Koko-Mix – bereits fertig gesüßten Grießbrei. Oder so klangvolle Namen wie »Mama Africa« – eine ölähnliche Palmcreme für Soßen. Auch Banana-Chips für den Abend kann man hier kaufen und natürlich Guinness-Beer. In der Gefriertruhe dann bei uns unbekannte Fische und Gemüse. Zum Beispiel Pondou – die gefrorenen Blätter der Maniokpflanze aus Nigeria oder Zaire im 5 kg-Sack. »So etwas gibt es natürlich nur auf Bestellung«, sagt die Inhaberin des Ladens und erzählt, dass ihr Lieferant einmal pro Woche mit dem Laster aus Amsterdam kommt. Ein Afrikaner und ein Niederländer betreiben dort ein Export- und Import-Unternehmen, welches halb Europa mit Lebensmitteln aus Afrika versorgt und im Gegenzug Unterhaltungselektronik dorthin exportiert.

Der globale Handel, aber auch die immer größer werdende Reisetätigkeit der Afrikaner selbst, sowie Besuche von Emigranten in ihrer Heimat verändern immer schneller die traditionellen Ernährungs- und damit Kochgewohnheiten. Moderne Geräte wie Küchenherd und Kühlschrank eröffnen auch neue Möglichkeiten der Zubereitung und Haltbarmachung. Heute existieren Kraft und Zeit verschlingende archaische Zubereitungsmethoden direkt neben gesundheitsorientierten und moderne Küchengeräte nutzenden Methoden des Kochens. Aus diesem Grund fällt es oft schwer, und ist es manchmal unmöglich, ein Rezept als Original oder Exil-Adaption zu erkennen.

Selbstverständlich variieren Zubereitungsarten nicht nur regional, sondern ebenso innerhalb der Familien. Meist lernt die Tochter das Kochen von der Mutter und übernimmt somit auch deren Rezepte in die eigene Ehe. Doch dort wird sie vielleicht auf Geschmacksvorlieben und Erfahrungen der Familie des Ehemanns zurückgreifen und lässt damit neue Methoden, Zutaten oder Gewürze einfließen.

Die außerordentliche Reisetätigkeit der Menschen quer über den afrikanischen Kontinent und darüber hinaus führt sogar zu einer Ausbreitung und darauf folgenden Vermischung über große Entfernungen. Ein Beispiel sind Samosas, gefüllte Teigtaschen, die zur Wende zum 20. Jahrhundert von Indien nach Ostafrika kamen und heute auch in Westafrika unter dem Namen Fataya beliebt sind.

In den 1980er und 1990er Jahren begann die Verbreitung afrikanischer Restaurants in unseren Breiten. Vor fünfzig Jahren wusste bei uns kaum jemand, wo genau in Afrika Burundi oder Mali liegen. Inzwischen erfreuen sich afrikanische Restaurants wachsender Beliebtheit, und auch ihre Kulturprogramme tragen immer häufiger nicht nur zur Verbesserung unseres Wissens über den afrikanischen Kontinent bei, sie machen auch Lust auf Afrika.

Aber nicht nur afrikanische Restaurants erfreuen sich wachsender Beliebtheit und tragen zur Popularisierung afrikanischer Esskultur bei. Einen großen Anteil daran haben auch seit dem späten 20. Jahrhundert zahlreiche Afrika-Festivals, die an vielen Orten, mal groß, mal klein, in den Sommermonaten veranstaltet werden, und auf denen ein reichhaltiges Angebot an afrikanischen Speisen wesentlich zur Attraktivität dieser Festivals beiträgt. Und nicht vergessen seien auch die vielen Straßenfeste, auf denen in der warmen Jahreszeit Afrika längst auch kulinarisch präsent ist.

Äthiopisches Restaurant »Demera« in Frankfurt am Main

Die Erfahrungen der hier lebenden Afrikaner und der globale Handel ihrer Waren geben uns zunehmend die Möglichkeit, ihre delikaten Speisen nicht nur in Restaurants, auf Afrika-Festivals oder Straßenfesten zu genießen, sondern vor allem auch selbst zuzubereiten und zu genießen – eine Perspektive des kreativen und lustvollen Umgangs mit einem menschlichen Grundbedürfnis.

Unser Ziel bei der Erstellung dieses Kochbuches war keine möglichst vollständige Auflistung afrikanischer Rezepte – das wäre ohnehin unmöglich gewesen. Vielmehr lag es in unserem Interesse, eine Vielfalt von Lieblingsgerichten der aus unterschiedlichen Ländern Afrikas zu uns gekommenen Menschen zusammenzustellen und für jeden nachkochbar zu veröffentlichen.

Diese auf ein jeweiliges Land bezogene Zuordnung der Gerichte bedeutet aber nicht, dass diese nur dort verbreitet wären. Das kulinarische Afrika überschreitet die durch den Kolonialismus willkürlich gezogenen politischen Grenzen. Die hier einem spezifischen afrikanischen Land zugeschriebenen Gerichte sind also meist auch in den umliegenden Ländern – nicht selten unter anderen Namen – zu finden

Fast alle Gerichte wurden von bei uns lebenden afrikanischen Einwanderern für dieses Buch zubereitet. Für einen Nichtafrikaner ist es natürlich interessant dabei zuzuschauen. Man erfährt nicht nur viel über die Herstellung, das Würzen und Abschmecken, sondern bekommt nebenbei auch noch eine Menge Hintergrundinformationen zu den verwendeten Zutaten und Zubereitungsweisen, die hier in zahlreichen Infokästen zu finden sind. Wenn nötig werden auch Ersatzprodukte aufgezeigt.

Bei einer Einkaufstour durch Afrika-Shops, Bio- und Eine-Welt-Läden und heimische Supermärkte sollte man, insbesondere in größeren Städten, fast alles bekommen, was für die Zubereitung der vorliegenden Rezepte erforderlich ist.

Und da der Geschmack das wichtigste Auswahlkriterium für oder gegen die Aufnahme eines Rezeptes in dieses Buch war, erlebten wir das anschließende Verspeisen der von den eingeladenen Afrikanerinnen und Afrikanern zubereiteten Gerichte als den größten und angenehmsten Vorteil dieses Vorgehens.

Holger Hentschel und Ghirmay Habton

Denn nur wenn ein Gericht sowohl den Herausgeber als auch den Autor und Fotografen und nicht selten auch den Verleger geschmacklich überzeugen konnte, fand es einen Platz in diesem Buch. Und das, was uns überzeugte, geben wir als Empfehlung gerne an alle weiter, die dieses Kochbuch zur Hand nehmen.

An dieser Stelle möchten wir nicht versäumen, uns bei unserem Verleger und Lektor Volkhard Brandes für die Unterstützung, insbesondere in der Endphase der Erarbeitung des Buches, zu bedanken. Durch seine kritischen Hinweise zu Inhalt und Stil und durch seine Organisationsaktivitäten hat er wesentlich zum Gelingen unseres Vorhabens beigetragen.

Zugleich geht unser Dank auch an alle, die das Erscheinen dieses Buches auf die eine oder andere Weise unterstützten, insbesondere aber an die, die die Zeit aufbrachten und ihr Wissen, ihre Erfahrungen und ihre Kreativität zur Verfügung stellten, um jene Gerichte zuzubereiten, die jetzt – für alle nachkochbar – hier versammelt sind. Nicht wenige erzählten dabei auch über ihre Erfahrungen als Einwanderer aus den unterschiedlichsten afrikanischen Ländern und gestatteten uns, davon in diesem Buch zu berichten. Auch dafür unser herzlicher Dank.

Holger Hentschel
und Ghirmay Habton

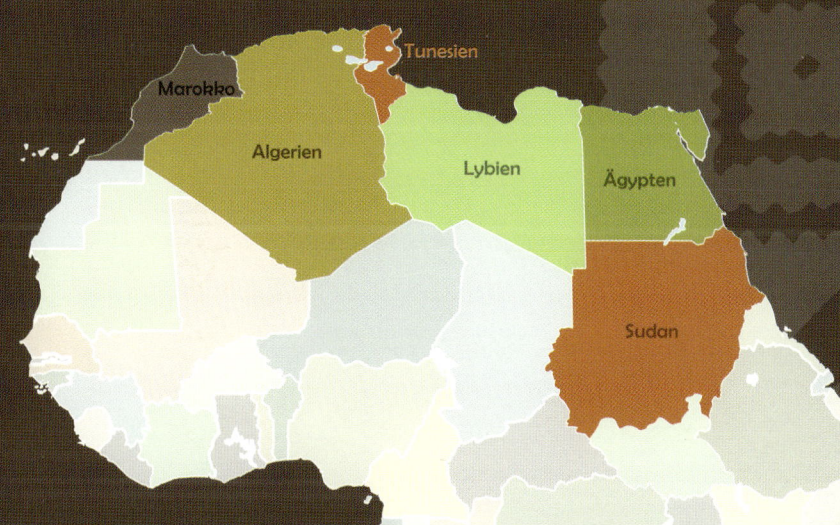

Marokko

Tunesien

Algerien

Lybien

Ägypten

Sudan

Nordafrika

Tagine
mit Lamm und Artischocken

Die frischen Artischocken 20 Minuten in einer Flüssigkeit kochen, die je zur Hälfte aus Wasser und Weißweinessig besteht. Dann die Blätter der Artischocken entfernen (dabei das Leckere aus den Blättern essen) und die übrig bleibenden Herzen wieder in den Sud legen und beiseite stellen.

Das Fleisch eventuell von übermäßigem Fett befreien, in einen großen Topf legen und reichlich mit Wasser auffüllen. Mit Salz, Ingwer (➤ S. 48) und Ras el Hanout (➤ S. 20) würzen. Die eingelegte Zitrone (➤ unten) im Ganzen, den Safran und das Öl zufügen und bei kleiner Hitze 2½-3 Stunden kochen lassen. Die Oliven und die Artischockenherzen zugeben. Nochmals 1 Stunde auf kleinster Hitze kochen. Von Zeit zu Zeit umrühren und bei Bedarf Wasser nachfüllen. Am besten geschieht das in einer Tagine, dem traditionellen marokkanischen Tontopf. Diese sind in marokkanischen Lebensmittelgeschäften in den verschiedensten Größen erhältlich. Ein beschichteter Aluminiumgusstopf eignet sich aber auch gut. Sehr wichtig bei der Zubereitung einer Tagine ist der langsame Garprozess. Wenn das Fleisch fast vom Knochen abfällt und sich leicht zwischen den Fingern brechen lässt, ist es fertig gekocht. Bei Bedarf die Soße noch etwas einkochen.

Kurz vor dem Servieren das Fleisch eventuell noch etwas portionsgerechter schneiden und in eine große Schüssel legen. Die Artischockenherzen vorsichtig darauf arrangieren, die Soße mit den Oliven und der Zitrone darüber gießen und heiß auftragen. Passend dazu einen einfachen, geschmacksneutralen Couscous (➤ S. 22) reichen.

Zutaten für 6-8 Personen

je Person 4-6 Artischocken (Artischockenherzen)

300 ml Weißweinessig

1½ kg Lammkeule oder Schulter

1 TL Ingwerpulver

2-5 EL Ras el Hanout

Saft und Fleisch einer Zitrone oder besser einer eingelegten Zitrone

5-10 Safranfäden

125 ml Erdnussöl

20-30 sauer eingelegte Oliven

Salz

Beilage

Couscous

   Eingelegte Zitronen

Frische ungespritzte Zitronen (erhältlich u. a. im Bioladen) in einer Schüssel gründlich waschen. Die Früchte vierteln, dabei am Stielende nicht ganz trennen. Innen gleichmäßig kräftig salzen, wieder zusammendrücken und in ein gut gereinigtes, am besten ausgekochtes, großes Einmachglas legen. Mit lauwarmem Wasser auffüllen und mit einem ebenfalls sehr gut gesäuberten bzw. ausgekochten Stein beschweren. Alles abgedeckt einen Monat an einem kühlen, trockenen Platz stehenlassen. Oder schneller und einfacher: eingelegte Zitronen im Marokko-Shop besorgen.

Gnawa-Couscous aus Meknes mit Lammfleisch und Gemüse

Zutaten für 6 Personen

1 kg Lammfleisch
1 große Zwiebel
4 Karotten
4 Rettiche
200 g Kürbis
4 Zucchini
100 g Rosinen
1 Tomate
3-4 rote und grüne Chilischoten
3-4 Zweige Petersilie
10 Safranfäden
1 EL Ras el Hanout
2 TL Ingwerpulver
1 Prise rotes scharfes Chilipulver
1 EL Gemüsebrühe
Olivenöl
Salz und Pfeffer

Beilage

Couscous

Lammfleisch, Zwiebel, Karotten, Kürbis, Zucchini, Rettiche und Chilischoten reinigen und grob würfeln. Die gulaschgroßen Fleischstücke zuerst mit der Zwiebel in Olivenöl rundherum anbraten. Danach das Ganze mit Wasser auffüllen, die gewürfelten Karotten zugeben und alles auf kleinster Hitze kochen. Wenn diese weich sind, kommen die Rettiche, der Kürbis, die Zucchini, die Rosinen und die klein geschnittene Tomate sowie die Chilischoten, die fein gehackte Petersilie und die Gewürze in den Topf. Ras el Hanout (➢ unten) und Safran geben dem Gericht nicht nur den unvergleichlichen Geschmack und Duft, sie färben Fleisch, Gemüse und besonders die Soße auch in ein äußerst appetitanregendes Gelb. Nach einer weiteren Stunde sollte das Fleisch weich sein, und man schmeckt noch einmal mit Salz und Pfeffer ab.

Während das Fleisch mit dem Gemüse kocht, kann man schon den Couscous (➢ S. 22) zubereiten. Instant-Couscous dauert nur wenige Minuten und gelingt auch ohne vorherige Übung. Wenn die Körner doch einmal zusammenkleben sollten, hilft sorgfältiges Durchrühren mit einer Gabel.

   Ras el Hanout

Ras el Hanout ist wohl die populärste und auch eine der universellsten marokkanischen Gewürzmischungen. Es gibt Varianten, die aus bis zu 14 Einzelgewürzen bestehen. Hauptbestandteile sind Kardamom (➢ S. 132), Muskatnuss, verschiedene Pfeffersorten, Chili, Kurkuma (➢ S. 115) und Ingwer (➢ S. 48). Aber auch Exoten wie Tollkirsche oder spanische Fliege werden der Melange in Marokko angeblich manchmal beigemischt. Hier darf keinesfalls selbst experimentiert werden. Falsche Sorten oder Mengen können zu tödlichen Vergiftungen führen. Alle Gewürze werden grundsätzlich getrocknet und gemahlen. Fertige Gewürzmischungen sind in marokkanischen Lebensmittelgeschäften in verschiedenen Packungsgrößen erhältlich und ohne jene Gifte unbedenklich verwendbar.

Majid Boudalfa, geboren in Meknes in Zentral-marokko, lebt heute in Frankfurt am Main und spielt das traditionelle marokkanische Gimbri in der Band »Gnawa-Ganouma«. Mit dieser Formation versucht Majid Boudalfa eine Fusion der verschiedensten musikalischen Stilrichtungen mit der traditionellen marokkanischen Gnawa-Musik, die ihren Ursprung in der Musik ehemaliger Sklaven aus Guinea hat. Zuvor wirkte er schon in der international besetzten Frankfurter Band »Kifkif« mit. »Kifkif« bedeutet im marokkanischen Arabisch die Gleichrangigkeit aller Dinge, Kulturen und Lebewesen. Das Gimbri ist ein vorderseitig mit Fell bespannter, dreisaitiger Reso-nanzkörper und wird ähnlich wie eine Bassgitarre gespielt. Schon Jimi Hendrix ließ sich von dieser Mu-sik inspirieren.

Majid Boudalfas Hobby ist das Kochen. »Gnawa-Couscous aus Meknes« nennt er sein hier vorgestell-tes Gericht und erläutert die auf Gnawa-Theorien zurückzuführende Symbolik der Farben der verwen-deten Zutaten: das Weiß des Rettichs symbolisiert die Farbe des Propheten Mohammed, das Grün der Zucchini Frieden und Weisheit, das Rot der Karotten steht für Opfergaben und Blut und das Gelb des Kürbis verweist auf die verschiedenen Berberstämme Marokkos. Majid Boudalfa hält einen Moment inne, ehe er die Bedeutung der braunen Farbe des Fleisches erklärt: »Braun und Schwarz stehen für schwarze Magie – für Hexerei und Geisterglaube, die uralte animistische Religion der Schwarzafrikaner.«

Couscous

Reis, Kartoffeln, Spaghetti, Pizza, Pommes Frites – all das ist den Menschen in Nordafrika nicht unbekannt. Wo auf der Welt essen Jugendliche nicht gern Pizza und lieben Kinder keine Spaghetti! Doch nichts geht den Bewohnern Marokkos und seiner Nachbarländer entlang der nordafrikanischen Küste über Couscous.

Dabei war die Zubereitung vor nicht allzu langer Zeit noch ein zeitaufwendiges Unterfangen. Auch heute wird der Weizen-, Hirse- oder Gerstegrieß in abgelegenen Dörfern noch mühevoll mit der Hand gerollt. Aber die Händler in den Geschäften und auf den Märkten bieten nun fast überall maschinell gerollten Couscous in hoher Qualität an. Sogar Instant-Couscous, den man in wenigen Minuten auf dem Tisch hat, ist inzwischen erhältlich.

Die Basis bildet immer ein grob gemahlenes Getreidekorn (Grieß), welches mit kaltem Salzwasser leicht angefeuchtet im feinen Mehl der gleichen Getreidesorte gerollt wird. Sobald die hauchdünne Mehlschicht angetrocknet ist, wird das Ganze wieder angefeuchtet und erneut im Mehl gerollt. Nach mehrfacher Wiederholung des Vorgangs erhält man schöne runde und gut separierte Couscous-Kugeln mit 1-2 mm Durchmesser. Es erfordert einige Übung, diese Kügelchen mit der Handfläche in speziellen großen Schüsseln und Körben gleichmäßig rund zu formen und dabei das Ganze nicht zu einem riesigen Teigklumpen geraten zu lassen.

Nachdem der Couscous gar gekocht – oder besser im Couscoustopf gar gedämpft – wurde, hat man unendlich viele Zubereitungsmöglichkeiten zur Auswahl:

- rein vegetarisch mit den sieben Gemüsen (Kohl, Kürbis, Karotten, Tomaten, Kartoffeln, Auberginen und Bohnen),
- mit Lammfleisch, Huhn, Rind oder Fisch mit würzigen bis sehr scharfen Soßen,
- zuckersüß als Nachspeise.

Gewürze wie Ras El Hanout (➢ S. 20), Fenchel oder gar Safran, das rote Gold, das kostbarste aller Gewürze, erweitern die Variationsmöglichkeiten.

Avocado-Milch

Zutaten für 1 Liter

3 reife, weiche Avocados
1-2 Päckchen Vanillezucker
1 l frische Vollmilch

Die Avocados halbieren, Kerne entfernen und das Fruchtfleisch mit einem Kaffeelöffel ausschaben und in ein Pürier- oder Mixgefäß geben. Vanillezucker drüberstreuen und die Milch während des Pürierens dazugeben. Dabei eine hohe Drehzahl wählen, damit das Getränk einen schönen Schaum bildet.

Harira –
Nordafrikanische Linsensuppe

Die Kichererbsen am Vortag zum Weichwerden in Wasser legen oder Kichererbsen aus dem Glas verwenden.

Öl im Topf erhitzen, das klein gewürfelte Fleisch und die klein gehackte Zwiebel kurz anbraten. Die passierten Tomaten dazugeben und 2 Liter heißes Wasser dazugießen. Die klein geschnittene Karotte, Linsen, Kichererbsen, die klein geschnittene Selleriestange und die gehackten Sellerieblätter mit in den Topf geben. Dann Kurkuma (➤ S. 115), das Tomatenmark und den klein gehackten Ingwer (➤ S. 48) unterrühren und ca. 1 Stunde auf kleiner Hitze kochen lassen. Bei Bedarf Wasser nachgießen.

In der Zwischenzeit das Mehl in einer Tasse Wasser zu einem klumpenfreien Brei verrühren.

Wenn das Fleisch weich ist, den Mehlbrei und die Vermicelli einrühren. Sobald die Nudeln weich sind, mit Salz abschmecken und die Suppe auf die Teller verteilen, den gehackten Koriander drüberstreuen und mit frischem Baguette oder Fladenbrot servieren.

Zutaten für 4 Personen

1 Handvoll Kichererbsen

500 g Rindfleisch, Gulaschfleisch oder Lammschulter

1 große Zwiebel

500 g passierte Tomaten

1 Karotte

100 g grüne Linsen

1 Stange Sellerie mit Blättern

1 TL Kurkuma

1 EL Tomatenmark

1 daumengroßes Stück Ingwer

1½ EL Weizenmehl

100 g Vermicelli (Fadennudeln)

1 Bund Koriander

Pflanzenöl

Salz

Beilage

Baguette, Weißbrot oder Fladenbrot

L'ahlou –
Süßspeise mit Früchten

Zutaten für 8 Personen

8 Trockenpflaumen
8 getrocknete Ananasscheiben
8 getrocknete Aprikosen
2 frische Birnen
2 frische Äpfel
80 g Zucker
*1 Päckchen Vanillezucker
oder 1 Vanillestange*
1 Zimtstange
3 EL Rosenwasser

Trockenobst 1-2 Stunden vor Kochbeginn in Wasser legen, damit es weich wird.

Birnen und Äpfel in Achtel schneiden und entkernen. Getrocknete Ananasscheiben und Aprikosen vierteln. In einem Topf 300 ml Wasser mit dem Zucker zum Kochen bringen. Zimtstange und Vanillezucker oder Vanillestange dazugeben. Rosenwasser (➤ S. 25) und frisches Obst in den Topf geben und 10 Minuten ohne Deckel kochen. Eingeweichtes Trockenobst untermischen und weitere 10 Minuten im offenen Topf kochen. Dabei sollte sich die Soße zu einem dicken Sirup reduzieren. Süßspeise auf Zimmertemperatur abkühlen lassen und servieren.

Rosenwasser

Rosenwasser entsteht als ein Nebenprodukt beim Auskochen der Rosenblüten während der Rosenölherstellung. Die dabei aufsteigenden Dämpfe werden aufgefangen und zu Rosenwasser destilliert. Es findet Verwendung in Süßspeisen, Backwaren und Pralinen ebenso wie in bestimmten Tagines (nordafrikanische Eintopfgerichte) und Salaten. Auch als Parfüm kommt das aromatische Destillat zum Einsatz.

Gemüsereis mit Putenfleisch aus Djerba

Die Kichererbsen am Vortag zum Weichwerden in Wasser legen oder Kichererbsen aus dem Glas verwenden.

Putenfleisch in Würfel schneiden und in Pflanzenöl kurz anbraten. Dann gemeinsam mit Erbsen, Kichererbsen und klein geschnittenem Gemüsepaprika, Karotten und Frühlingszwiebeln 1 Stunde dämpfen. Das kann in einem Topf mit Dämpfeinsatz, im Dampfgarer oder traditionell im Couscous-Topf erfolgen. Kräuter, Ingwer (➤ S. 48), Knoblauch und Spinatblätter hacken und zusammen mit getrockneter Minze, Kurkuma (➤ S. 115) und Tomatenmark untermischen. Weitere 20 Minuten kochen. In dieser Zeit den Basmatireis kochen und zum Schluss alles in einer großen Schüssel miteinander vermischen. Mit Salz und Pfeffer abschmecken, mit Zitronenvierteln dekorieren und servieren.

Zutaten für 8 Personen

200 g Kichererbsen

500 g Putenfleisch

400 g Erbsen, gefroren oder frisch

1 rote Gemüsepaprika

3 grüne Gemüsepaprika

6 Karotten

2 Frühlingszwiebeln

1 Bund Petersilie

½ Bund Koriander

1 Handvoll frische Minze

1 daumengroßes Stück Ingwer

3 Knoblauchzehen

1 kg Spinat

1 TL getrocknete Minze

2 TL Kurkuma

2 EL Tomatenmark

1 kg Basmatireis

3 Zitronen

Pflanzenöl

Salz und Pfeffer

Aubergine mit Kalbshackfleisch

Die Nudeln klein brechen und mit dem Reis in ausreichend Wasser zum Kochen bringen. Gemüsebrühepulver dazugeben, gut verrühren und fertig kochen.

In einer großen Pfanne das Öl erhitzen und die in Scheiben geschnittenen Auberginen sowie die Paprika im Ganzen darin scharf anbraten. Häufig wenden. Die äußere Haut der Paprikaschoten wird stellenweise schwarz und schlägt Blasen. Das Gemüse beiseitestellen und das Öl auf Küchenpapier abtropfen lassen.

Danach die gehackten Zwiebeln in etwas Öl glasig braten und das Hackfleisch zugeben. Gut durchrühren und die in Scheiben geschnittenen Tomaten untermischen und weiter braten. Dann die gehackten Knoblauchzehen einrühren, mit Salz, Pfeffer und Kreuzkümmel (➤ S. 28) abschmecken. Eine gute Geschmacksabrundung erhält man durch Zugabe eines Teelöffels Harissa. Die arabische Gewürzmischung Harissa, bestehend aus scharfem rotem Paprika, Knoblauch, Koriander, Salz und Kreuzkümmel (als Fertigprodukt aus Tunesien importiert), kann man insbesondere in arabischen Geschäften problemlos finden. Während des Bratens kann man das Ganze mit einer Gabel zu einem groben Brei zerdrücken.

Für das Dressing die Knoblauchzehen ganz fein hacken, Zitrone auspressen und alles mit einem Schuss Essig und etwas Kreuzkümmel gründlich verrühren.

Das gebratene Hackfleisch und das Gemüse auf einem Teller anrichten und gleichmäßig mit dem Dressing übergießen. Als Beilage empfiehlt sich frisches Fladenbrot.

Zutaten für 4 Personen

100 g dünne Fadennudeln
250 g Basmatireis
1 EL Gemüsebrühepulver
2 Auberginen
8 grüne Spitzpaprika
8 große rote kugelige Gemüsepaprika
8 kleine gelbe kugelige Gemüsepaprika
4-6 Zwiebeln
500 g Gehacktes vom Kalb
1 kg Tomaten
4 Knoblauchzehen
1 TL Kreuzkümmelpulver
1 TL Harissa
Sonnenblumenöl
Salz und Pfeffer

Zutaten für das Dressing

2 Knoblauchzehen
Saft von 1 Zitrone
1 Schuss Essig
1-2 TL Kreuzkümmelpulver

Beilage

Fladenbrot

Falafel

Zutaten für 500 g Falafel

*1 Dose Kichererbsen
(500-600 g)
oder 300 g getrocknete
Kichererbsen
2 Zwiebeln
3 Zweige Petersilie
1 Ei
2 EL Kreuzkümmelpulver
oder besser
2 EL Ras el Hanout
Salz
Paniermehl*

Getrocknete Kichererbsen über Nacht einweichen. Kichererbsen aus der Dose können direkt verwendet werden.

Kichererbsen, Zwiebeln, Petersilie, Ei und Kreuzkümmel (➢ unten) oder Ras el Hanout (➢ S. 20) grob pürieren, nach Geschmack salzen und Paniermehl zugeben, bis eine feste, aber formbare Masse entsteht. Nach Bedarf nachwürzen. Ca. 1 cm hohe, runde Küchlein mit einem Durchmesser von 5 cm mit der Hand formen, braten oder frittieren und heiß verspeisen.

   **Kreuzkümmel
(Cumin)**

Kreuzkümmel hat in Ägypten eine lange Tradition. Schon vor 5000 Jahren wurde er dort zum Kochen, aber wie viele andere Kräuter auch für religiöse Beschwörungen verwendet. Von Marokko bis zur Türkei, dem Iran und Indien wird Kreuzkümmel angebaut. Obwohl eine botanische Verwandtschaft zu dem in Mitteleuropa angebauten schwarzen Kümmel besteht, haben beide Pflanzen nicht viel gemeinsam. Geschmacklich unterscheiden sie sich deutlich. Während schwarzer Kümmel sich bei uns sehr gut anbauen lässt, gedeiht Kreuzkümmel nur in heißen Klimazonen. Verwendet wird er heute weltweit.

Sein intensiver, würziger Geschmack eignet sich besonders zum Würzen kräftiger Fleischgerichte und Suppen. Ein Tipp: Wenn ganze Kreuzkümmelsamen kurz vor dem Mahlen angeröstet werden, intensiviert das ihr Aroma beträchtlich.

Okra-Gulasch

Die klein geschnittenen Zwiebeln mit dem gewürfelten Rindfleisch kurz in Sesamöl anbraten. Alles mit 1 Liter Wasser auffüllen. Sobald es kocht, die Okra (➤ S. 70), den Thymianzweig, die fein gehackten Knoblauchzehen und die passierten Tomaten dazugeben. Mit Salz und Pfeffer abschmecken und kochen, bis das Fleisch weich ist. Bei Bedarf Wasser nachgießen. Dazu isst man Ful-Salat und Fladenbrot.

Zutaten für 4 Personen

2 Zwiebeln

800 g Rindergulasch

Sesamöl

600 g Okraschoten

1 Zweig Thymian

2 Knoblauchzehen

250 g passierte Tomaten

Salz und Pfeffer

Beilage

Ful-Salat und Fladenbrot

Ful-Salat

Braune Bohnen in Salzwasser weich kochen. Das Wasser abgießen, die Bohnen mit Wasser abspülen und mit einer Gabel leicht zerdrücken. Wenn sie abgekühlt sind, Tomaten, Zwiebel und Frühlingszwiebeln, Knoblauchzehe, Schafskäse und Rucola klein schneiden, Sesamöl nach Geschmack hinzufügen und alles gut durchmischen. Kurz vor dem Servieren den Salat mit dem Saft der Zitrone übergießen.

Zutaten für 4 Personen

500 g braune Bohnen

2 frische Tomaten

½ rote Zwiebel

3 kleine Frühlingszwiebeln

1 Knoblauchzehe

100 g Schafskäse

1 Handvoll Rucola

Sesamöl

Saft von 1 Zitrone

Salz und Pfeffer

Ful-Salat

Aseeda be Mullah Nämia –
Dicker Grieß mit Hackfleischsoße

Zutaten für 4 Personen

400 g Mehl
1 EL Grieß
1 EL Naturjoghurt
½ TL Salz

Zutaten für die Soße

2 kleine Zwiebeln
500 g Gehacktes vom Rind
100 g ungesalzene Erdnüsse
4-5 TL Korianderpulver
Zimt
süßes Paprikapulver
200 g Tomatenmark
1 kg Naturjoghurt
1 EL getrocknete Okraschoten
2 EL Pflanzenöl
Salz und Pfeffer

Zur Herstellung der Aseeda (➢ unten) werden Mehl, Grieß, Salz und 1 EL des Naturjoghurts gleichmäßig in 750 ml kochendes Wasser eingerührt. Unter Rühren kurz aufkochen, bis eine dicke Masse entsteht. Alles in eine gut eingeölte Schüssel oder Plastikform gießen und abkühlen lassen.

Zur Zubereitung der Soße die Zwiebeln klein schneiden und im Öl glasig anbraten. Hackfleisch dazugeben und unter ständigem Rühren ebenfalls anbraten. 125 ml Wasser zugeben und köcheln lassen. Mit den fein gemahlenen Nüssen, den Gewürzen und dem Tomatenmark aufkochen. Den Naturjoghurt langsam gründlich unterrühren. Zum Binden der Soße wird zum Schluss die zerkleinerte, getrocknete Okra (➢ S. 70) langsam eingerührt.

Die abgekühlte Aseeda umgekehrt in eine große Schüssel stülpen, die Soße rundherum gießen und servieren.

   Aseeda

Aseeda ist ein Grießbrei mit Mehl und wird unter Zugabe von Sauermilchprodukten gekocht. Aseeda ist eine Beilage zu verschiedensten Gerichten im Sudan und in anderen Ländern Ost- und Nordafrikas. In der Krisenregion Darfur ist Aseeda das einzige Hauptgericht für viele Menschen.
Die Zubereitung ist regional sehr unterschiedlich. Statt Joghurt kann man auch saure Milch oder gezuckerte Kondensmilch verwenden. Oder es werden Nüsse oder Mandeln beigemischt. Verwendet wird häufig auch Mais-, Yams- (➢ S. 68) oder Maniokmehl (➢ S. 89).

Das Aseeda-Gericht, wie die folgenden Gerichte, brachte Sara Omer aus ihrem Heimatland Sudan mit. Sie kam 1996 zum Studium nach Deutschland. Zuvor hatte sie bereits ein Jurastudium in ihrer Heimatstadt Khartum im Sudan absolviert, eine Ausbildung zur Medizinisch-Technischen Assistentin in Bagdad (Irak) abgeschlossen und in einem Krankenhaus in Jeddah (Saudi-Arabien) gearbeitet. Sie lebte in Frankfurt am Main, studierte Zahnmedizin in Ulm und ist heute selbstständige Zahnärztin in eigener Praxis in Lünen bei Dortmund. Sie liebt längst deutsches Essen – und ist dennoch weiterhin begeistert von der Küche ihrer Heimat.

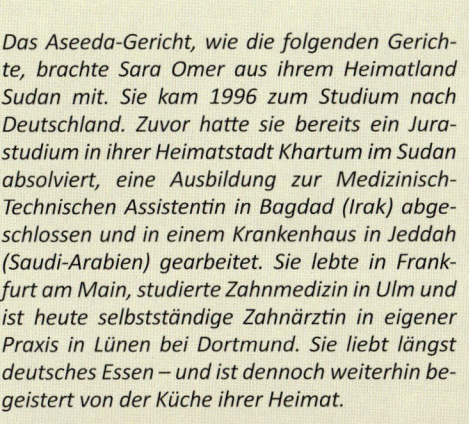

Köfte –
Hackfleischfrikadellen auf Sudanesisch

Köfte, der türkische Name dieses Hackfleischbratlings, hat sich überall im Nahen und Mittleren Osten und in Nordafrika durchgesetzt. Von diesem weltweit beliebten Gericht gibt es vermutlich einige hundert Varianten. Hier ein Vorschlag aus dem Sudan.

Zuerst den Reis entsprechend der Anleitung auf der Packung kochen, damit er rechtzeitig zur Verfügung steht. In der Zwischenzeit das Hackfleisch in einer großen Schüssel mit der fein gehackten Petersilie und dem fein gehackten Knoblauch mischen. Den Brühwürfel (➤ S. 47) zwischen den Fingern zerreiben und gemeinsam mit dem gekochten Reis, Kreuzkümmel (➤ S. 28), Koriander, Salz und Pfeffer untermischen. Jetzt das Paniermehl schrittweise dazugeben, bis eine feste, formbare Masse entstanden ist. Daraus 12 cm lange, ca. 1,5 cm starke Köfte rollen und in heißem Öl langsam durchbraten. Die Köfte herausnehmen und auf Küchenpapier auslegen, damit das Öl aufgesaugt wird. Einen Teil des Bratöls aus der Pfanne abgießen; nur etwa 5 EL Öl für die Soße in der Pfanne lassen.

Zur Herstellung der Soße jetzt das Tomatenmark, den gehackten Knoblauch, die klein geschnittenen Pfefferminzblätter und die Zimtstange in das Öl in der Pfanne geben. Den Kopf der Gewürznelken zerkrümeln und den austretenden Blütenstaub auf die Melange streuen. 250 ml Wasser zugeben, alles durchmischen und unter häufigem Rühren aufkochen. Die Köfte zurück in die Pfanne geben, alles noch einmal kurz erhitzen und servieren.

Variante: Dieses traditionell zubereitete Rezept bietet nur wenig Soße. Wer mehr Soße wünscht, sollte entsprechend mehr Wasser, Tomatenmark, eventuell auch frische, zerteilte Tomaten sowie größere Mengen der übrigen Gewürze hinzufügen.

Zutaten für 4-6 Personen

30 g Reis
1 kg Gehacktes vom Rind
1 Bund glatte Petersilie
6 Knoblauchzehen
1 afrikanischer Maggi-Brühwürfel
1 EL Kreuzkümmelpulver
1 EL Korianderpulver
150 g Paniermehl
125 ml Sonnenblumenöl
½ TL Salz und ½ TL Pfeffer

Für die Soße

5 EL Tomatenmark
3 Knoblauchzehen
5 Zweige Pfefferminze
½ Zimtstange
4 Gewürznelken

Beilage

Fladenbrot, Baguette oder Reis

Hilo-Mur –
Bitter-Süßer Juice

Im Sudan nennt man diesen Saft Abre-Juice oder Hilo-Mur. Das bedeutet süß und bitter und beschreibt sehr gut den Geschmack dieses Erfrischungsgetränkes.

Zutaten

1 kg Mehl von Sorghum-Hirse
50 g Ingwer
1 EL Zimt
Zucker

Das Mehl unter häufigem Rühren in Wasser kochen und dabei den pulverisierten oder sehr fein gehackten Ingwer (➢ S. 48) und den Zimt unterrühren. Den dickflüssigen, aber nicht festen Teig in einem fest verschlossenen Gefäß ca. 3 Tage stehen lassen, bis er zu gären beginnt.

Eine große Pfanne stark erhitzen und eine Kelle der Mixtur gleichmäßig und dünn, wie beim Pfannkuchenbacken, in die Pfanne gießen. Der Teig darf aber nicht backen! Sobald er trocken ist, mit einem dünnen Holzspatel vom Pfannenboden abheben, einmal umschlagen und zum Abkühlen herausheben. Auf diese Weise wird die gesamte Mixtur zu braunen Fladen verarbeitet, die nach dem Abkühlen übereinander gestapelt und einige Monate aufbewahrt werden können.

Bei Bedarf wird ein Fladen mit ca. 1 Liter Wasser aufgegossen. Nach einer Weile den Saft absieben, nach Geschmack zuckern und kalt servieren.

Man kann das Mehl in manchen Afrika-Shops, Reformhäusern oder Internetshops beziehen. Oder man kann es selbst herstellen. Das Mehl wird auch unter dem Namen Milo-Mehl, Farine de Sorghum (franz.) (➢ S. 35), Harina de Sorgum (span.) oder Jowar (ind.) angeboten.

 ## Sorghum

Sorghum-Hirse wurde bereits vor 4000 Jahren in Ostafrika, genauer im heutigen Äthiopien, angebaut. Seitdem hat sich das Getreide in allen heißen und trockenen Klimazonen der Erde ausgebreitet. Neuerdings gibt es auch Sorten, die unserem Klima angepasst wurden. In den letzten Jahren sind die USA zum größten Sorghum-Produzenten aufgestiegen. Allerdings findet das Getreide dort hauptsächlich als Energiepflanze zur Gas- und Stromerzeugung aus Biomasse Anwendung.

Da Sorghum kein Gluten enthält, ist es für Menschen mit Glutenunverträglichkeit auch hierzulande von Bedeutung. Ohne Gluten fehlt dem daraus gewonnenen Mehl jedoch die Klebeigenschaft, weshalb es sich zum Backen nur bedingt eignet. Hauptsächlich werden Grütze, Brei und Fladen daraus hergestellt. Das in seinen Inhaltsstoffen ansonsten dem Mais ähnelnde Getreide enthält allerdings etwas mehr Proteine.

Baklava

Zutaten für ein Backblech

1½ unbehandelte Zitronen

550 g + 2 EL Zucker

Honig

4 Kardamomkapseln

2 EL Orangenblütenwasser

200 g Walnüsse (ohne Schale)

200 g Mandeln (ohne Schale)

200 g Pistazien (ohne Schale)

2 TL Zimt

500 g Blätterteig
(aus einem arabischen Laden,
dünne Blätter, ohne Fett)

200 g Butter, flüssig

Beilage

schwarzer Tee mit frischer
marokkanischer Minze

Zitronenschale abreiben, Zitrone auspressen. Die geriebene Schale und 550 g Zucker in 375 ml Wasser geben, alles ca. 10 Minuten bei starker Hitze kochen, danach 15 Minuten bei kleiner Hitze weiterkochen. Anschließend Honig, Zitronensaft, Kardamomkapseln (➢ S. 133) und Orangenblütenwasser hinzugeben. Weiter kochen, bis ein Sirup entsteht, dann vom Herd nehmen und abkühlen lassen.

Nüsse, Mandeln und Pistazien mit dem Mixer fein zerkleinern und mit Zimt und 2 EL Zucker mischen.

Die hauchdünnen Teigblätter auf ein feuchtes Tuch legen, ein zweites feuchtes Tuch darüber legen.

Ein tiefes Backblech mit Butter bestreichen, ein Teigblatt darauf legen, mit Butter bestreichen, dann wieder ein Teigblatt darüber legen und mit Butter bestreichen. Nach dem fünften Blatt die Hälfte der Nussmasse über die Teigblätterschicht geben, dann wieder fünf Schichten Teigblätter jeweils mit Butter bestreichen und übereinander legen. Dann den Rest der Nussmischung über die Teigblätterschichten geben und noch einmal fünf mit Butter bestrichene Teigblätter darüber legen. Zum Schluss alles festdrücken, mit Butter bestreichen und in kleine Stücke schneiden. 30 Minuten bei ca. 175°C backen, danach 30 Minuten mit geringerer Hitze (ca. 125°C).

Nach dem Backen die Stücke nachschneiden und den kalten Sirup ohne die Kardamomkapseln sofort auf den heißen Kuchen gießen.

Bitte beachten: Die erzeugte Baklava-Menge reicht für eine größere Zahl von Gästen und/oder für mehrere Tage.

Zur Baklava schwarzen Tee mit frischer marokkanischer Minze reichen.

Legemat –
Köstlichkeit zum Frühstückstee

Hefe in 200 ml Wasser auflösen, Mehl einrühren und etwas Salz hinzufügen. Den Teig mit der Hand gut durchrühren (er ist sehr weich). 1 Stunde stehenlassen. Dann kleine Stücke in sehr heißem Öl am besten in einer Fritteuse ausbacken.

Mit Zucker – in Europa auch mit Honig oder Marmelade – servieren.

Im Sudan wird Legemat zum ersten Frühstück um sieben Uhr morgens mit schwarzem Tee, Milch und Zucker gereicht.

Zutaten für 4-6 Personen

15 g Hefe
250 g Mehl
Pflanzenöl zum Frittieren
Salz

Legemat

Baklava

37

Basbuzah –
Arabische Kuchenspezialität

Zutaten für 6-8 Personen

450 + 180 g Zucker

Saft von 1 Zitrone

Eine Handvoll Mandeln

125 g Butter

Abgeriebene Schale einer
unbehandelten Zitrone

3 Eier

125 g Mehl

200 g Hartweizengrieß

1½ TL Backpulver

175 ml Milch

75 g gemahlene Mandeln

75 g Kokosraspeln

Salz

500 ml Wasser mit 450 g Zucker und dem Zitronensaft 5 Minuten stark kochen, dann bei kleiner Hitze 30 Minuten köcheln lassen, bis die Masse dickflüssig wird. Danach den Sirup abkühlen lassen.

Die Mandeln in kochendes Wasser geben und kurz kochen, bis die Haut sich ablösen lässt. Das Wasser abgießen und die Haut der Mandeln abziehen.

Butter, 180 g Zucker und geriebene Zitronenschale rühren, bis die Masse weiß ist. Dann die Eier nacheinander unterrühren. Mehl, Grieß, eine große Prise Salz und Backpulver mischen und allmählich in die Buttermischung einrühren, dabei auch die Milch nach und nach zugeben. Gemahlene Mandeln und Kokosraspeln hinzufügen und alles vermischen.

Eine große eckige Backform mit Butter ausstreichen und den Teig dort gleichmäßig verstreichen. Die Mandeln zur Verzierung darauf legen.

Alles in den vorgeheizten Backofen schieben und dort bei 175°C ca. 35-40 Minuten backen. Wenn sich der Teig etwas vom Rand löst, ist der Kuchen fertig.

Den heißen Kuchen häufig mit einem Holzspieß einstechen und den zu Beginn gekochten, erkalteten Sirup darüber gießen. Abkühlen lassen und in kleine Stücke schneiden.

Westsahara

ap Verden

Mauretanien

Mali

Niger

Senegal

Gambia

Guinea-
Bissau

Guinea

Burkina
Faso

Benin

Nigeria

Sierra Leone

Ghana

Liberia

Togo

Elfenbein-
küste

Westafrika

Thiebou Diene –
Reis mit Fisch und Gemüse

Für die Marinade die Chilischote, die Petersilie und die Knoblauchzehen klein hacken und mit Öl, zerriebenem Brühwürfel (➤ S. 47) und Pfeffer vermischen.

Den Fisch quer in 4-5 Stücke zerteilen; Kopf und Schwanz beiseite legen. Die essbaren Mittelteile werden beidseitig mit kleinen Einschnitten für die Marinade versehen. In die Einschnitte die Marinade füllen und die Fischteile mindestens 2 Stunden in der Marinade ruhen lassen.

Bei diesem senegalesischen Nationalgericht kann man den Fisch wahlweise braten oder kochen. In jedem Fall muss aber zuerst die Gemüsebrühe mit den aufgeführten Zutaten angesetzt werden. Klein geschnittenen Weißkohl und Okraschoten (➤ S. 70), geachtelte Aubergine, Kohlrabi und Gemüsepaprika sowie die ganzen, geschälten Karotten gut mit Wasser bedeckt kochen lassen, bis Karotten und Kohlrabi weich sind. Salzen nach Geschmack

Soll der Fisch gekocht werden, kommen alle Fischteile, einschließlich Kopf und Schwanz, nachdem die Gemüsebrühe 30 Minuten gekocht hat, in den Topf. Dann alles zusammen 15 Minuten auf kleinster Hitze köcheln lassen.

Soll der Fisch gebraten werden, werden Kopf- und Schwanzteil zur Geschmacksverbesserung in der Gemüsebrühe mitgekocht. Die Kräutermischung zum Braten, zerkleinert und gut gemischt, mit dem Öl in einer Pfanne erhitzen und die Fischteile beidseitig jeweils 3-5 Minuten (je nach Dicke der Teile) anbraten. Den Fisch aus der Pfanne nehmen, beiseite stellen und das Tomatenmark einrühren. Kurz aufkochen und danach den Fisch vorsichtig zurück in die Pfanne legen. Nach 8-10 Minuten sollte der Fisch gar sein.

Zutaten für 6 Personen

*1 großer Kapitänsfisch
(1½-2 kg)
oder 2 große
Wolfsbarsche, je 1 kg
100 g Tomatenmark
50 g saure Tamarinde
5-6 Tassen Reiskörner*

Gemüsebrühe

*½ Weißkohl
4 Okraschoten
1 Aubergine
1 Kohlrabi
1 rote Gemüsepaprika
4 Karotten
Salz*

Kräutermischung
für die Marinade

*1 Chilischote
1 Bund Petersilie
3 Knoblauchzehen
5 EL Pflanzenöl
1 afrikanischer
Maggi-Brühwürfel
½ TL frisch gemahlener Pfeffer*

Kräutermischung
zum Braten

*30 g Trockenschnecken
1 Chilischote
3 Knoblauchzehen
1 afrikanischer
Maggi-Brühwürfel
½ TL frisch gemahlener Pfeffer
5 EL Pflanzenöl*

Zusätzlich empfohlen

*1 scharfe Chilischote,
z. B. die Sorte »Piemont Antille«*

Vom Gemüse etwas Soße und Weißkohl abschöpfen und in einem kleinen Topf mit der Tamarinde (➢ unten) einige Minuten aufkochen.

In der Zwischenzeit den Reis kochen. Wenn er fast weich ist, das Gemüse aus der Brühe nehmen und beiseite stellen. Dann den Reis in die Brühe rühren, einige Minuten quellen lassen und in eine große Schüssel füllen. Am Schluss den Fisch, das Gemüse und auch die Tamarinde auf dem Reis anrichten und servieren. Bei der Bratvariante hat man zusätzlich noch die Tomatensoße aus der Pfanne, die man über das Gericht gießt oder in einer kleinen Schale in die Mitte des Tisches stellt.

Das i-Tüpfelchen eines derartigen Gerichts ist eine runde rote scharfe Chili, die im Ganzen in der Gemüsebrühe mitgekocht wird. Bei Tisch wird sie dann auf einem Extrateller zerteilt, und jeder kann damit sein eigenes Essen nach Belieben aufpeppen.

   Tamarinde

Ursprünglich aus Ostafrika stammend, hat sich die Tamarinde über die ganze Welt verbreitet und spielt heute besonders in den Küchen Asiens und Lateinamerikas eine bedeutende Rolle. Auch als Indische Dattel (indian date) bezeichnet, ist dieses Gewürz in Europa dagegen ziemlich unbekannt, obwohl es als grundlegender Bestandteil der Worcester-Soße allgemeine Verwendung findet.

Auf Grund der enthaltenen Weinsäure hat die Tamarinde einen frischen sauren Geschmack. Manche Arten verlieren ihre Säure im Laufe der Zeit und sind als süße Tamarinde auf dem Markt. In Afrika- und Asia-Shops ist das Gewürz in gefrorenem oder in getrocknetem Zustand erhältlich. Getrocknete Tamarinde muss, falls sie gebraten oder roh weiterverarbeitet werden soll, erst über Nacht in Wasser eingeweicht werden.

Eingelegte Schweinekoteletts

Für die Marinade klein geschnittene Knoblauchzehe und übrige Zutaten gründlich miteinander vermischen.

Mit einem spitzen Küchenmesser kleine Einschnitte in die Koteletts machen, kleine Knoblauch- und Chiliecken reinstecken und die Koteletts über Nacht in die Marinade legen.

Für die Soße gewürfelte Zwiebeln, fein gehackte Knoblauchzehe und zerriebenen Brühwürfel (➢ S. 47) mit Zitronensaft, Tomatenmark, Senf und Chilipulver vermischen und in Öl in einer Pfanne garen. Wasser nach Bedarf hinzufügen. Salzen nach Geschmack.

Vor dem Braten der Koteletts die Soße entfernen und die Koteletts in der Pfanne mit Öl braten oder auf den Grill legen. Zu den Koteletts werden die würzige Soße, gemischter frischer Salat und Reis gereicht.

Zutaten für 4 Personen

4 Schweinekoteletts
4 Knoblauchzehen
4 Chilischoten
4 kleine Zwiebeln
1 Knoblauchzehe
1 afrikanischer
Maggi-Brühwürfel
Saft von 2 Zitronen
1 EL Tomatenmark
1 TL mittelscharfer Senf
¼-½ TL Chilipulver
Salz
Öl

Marinade

1 Knoblauchzehe
Saft von 2 Zitronen
1 EL mittelscharfer Senf
1 afrikanischer
Maggi-Brühwürfel
Pfeffer

Beilagen

Salat und Reis

Poulet Yassa

Das bekannteste senegalesische Gericht. 3-4 Stunden Vorbereitungs- und Kochzeit.

Zutaten für 6-8 Personen

2 Hühner
10 große Zwiebeln
4 Knoblauchzehen
Saft von 5 Zitronen
4 Chilischoten
2 afrikanische
Maggi-Brühwürfel
oder gekörnte Brühe
Palmöl
Salz und Pfeffer

Beilage

Reis

Die Hühner in Stücke zerlegen. Zwiebeln in Ringe schneiden, Knoblauch klein hacken und mit dem Saft der ausgepressten Zitronen und den klein geschnittenen Chilis zum Huhn geben. Die Brühwürfel (➤ S. 47) zerreiben und hinzufügen. Die Hühner in dieser Marinade mindestens 1 Stunde ziehen lassen, gelegentlich wenden. Palmöl (➤ S. 148) erhitzen, Huhn und Zwiebeln darin anbraten. Mit Marinade ablöschen. Ca. 500 ml Wasser hinzugeben und bei mittlerer Hitze 1-1½ Stunden schmoren. Bei Bedarf ab und zu etwas Wasser auffüllen. Mit Salz und Pfeffer abschmecken.

Mit Reis als Beilage servieren.

Beignets –
Süße Leckereien

Frittierfett in Fritteuse oder in einer tiefen Pfanne auf 200°C erhitzen.

Kokosvariante: Mehl, Backpulver, Zucker, Kokosraspeln und Milch vermischen. Dabei die Milch langsam zugeben, damit der Teig nicht zu dünn wird. Mit einem Löffel oder besser mit einer Eiskugelzange den Teig vorsichtig portionsweise in das heiße Fett dosieren. Einige Minuten frittieren, bis die Bällchen schön gelb-braun sind.

Kochbananenvariante: Kochbananen (➤ S. 83) in Milch pürieren und Mehl, Backpulver und Zucker zugeben. Alles gut vermischen und mit einem Löffel oder besser mit einer Eiskugelzange den Teig vorsichtig portionsweise in das heiße Fett dosieren. Einige Minuten frittieren, bis die Bällchen schön gelb-braun sind.

Zutaten für 500 g

Fett zum Frittieren
250 g Weizenmehl
Backpulver, Menge gemäß Packungsbeilage

Kokosvariante

120 g Zucker
120 g Kokosraspeln
150 ml Milch

Kochbananenvariante

2 Kochbananen
100 ml Milch
100 g Zucker

Ndiarusow –
Senegalesischer Milchmix

Ndiarusow – wörtlich übersetzt Zwei-Milch-Mix – ist in Minuten zubereitet:

Äpfel und Birnen schälen und in kleine Würfel schneiden. Milch und Crème Fraîche in einer Schale mischen. Danach die Kaffeesahne (= die zweite Milch) und die restlichen Zutaten hinzufügen und das Ganze gut durchgerührt im Kühlschrank kalt stellen.

Zutaten für 4-6 Personen

2 Äpfel
2 Birnen
500 ml Milch
500 g Crème Fraîche
125 ml Kaffeesahne
ca. 250 g Zucker
3-5 Päckchen Vanillezucker
1 TL Muskat

Jus de Bissap –
Erfrischungsgetränk aus Hibiskusblüten

Zutaten für 4-6 Personen

1-2 EL getrocknete
Hibiskusblüten (Bissap)

ca. 250 g Zucker,
nach Geschmack

3 Päckchen Vanillezucker

1 TL geriebener Muskat

500 ml Ananassaft
oder Orangensaft

Varianten

1-3 TL frischer Ingwer

Orangenblütenwasser

Saft von 2 Zitronen

1 Liter Wasser zum Kochen bringen. Das Wasser vom Herd nehmen und die Hibiskusblüten dazu geben. Nach 15-30 Minuten das Wasser vorsichtig über ein Sieb in einen Krug gießen und mit Zucker, Vanillezucker, Muskat und dem Ananas- oder Orangensaft mischen. In den Kühlschrank stellen und kalt genießen.

Varianten: Statt Saft geriebenen frischen Ingwer (➤ S. 48) unterrühren. Dann sind allerdings noch weitere 500 ml Wasser erforderlich. Das Getränk lässt sich durch Hinzufügen von etwas Orangenblütenwasser im Geschmack deutlich verändern. Desgleichen auch durch Hinzufügen des Saftes von zwei Zitronen. Auch kann man die Zuckermenge nach Geschmack reduzieren und/oder mit anderen Fruchtsäften experimentieren. Das Getränk ist in vielen Varianten in weiten Teilen Westafrikas verbreitet und beliebt.

Domoda –
Lammkeule in Erdnusssoße

Fleisch oder Fisch – beides kann mit einer dicken Erdnusssoße zubereitet werden. Wie die Erdnüsse (➤ S. 93) selbst sind derartige Gerichte in Teilen Westafrikas sehr verbreitet. Domoda wird diese Zubereitungsart von den Mandinke genannt, die hauptsächlich in Gambia und Guinea leben. Die Wolof, überwiegend im Senegal ansässig, nennen diese Gerichte Mafe. Auch gibt es die unterschiedlichsten regionalen Varianten des Würzens. Allen Variationen gemeinsam ist aber eine dicke Soße, die entweder mit zerstampften, ungerösteten Erdnüssen oder aber mit fertiger Erdnusscreme zubereitet wird.

Die in Frankfurt am Main lebende Familie Mbaki aus Gambia kocht es für uns auf diese Art:

Die in kleine Würfel geschnittene Lammkeule wird zusammen mit dem dicken Markknochen leicht gesalzen und dann in einem Topf mit etwas Öl von allen Seiten leicht angebraten. Nun Wasser auffüllen, bis das Fleisch bedeckt ist. Den Brühwürfel (➤ unten) zerreiben und hinzugeben. Sobald es kocht, die Erdnusscreme unterrühren. Dann die Zwiebel, die Karotten und die Knoblauchzehe klein geschnitten zugeben und das Ganze ca. 1½ Stunden auf kleiner Hitze kochen lassen. Mit Salz und Pfeffer abschmecken. Wenn das Fleisch weich ist, den Knochen herausnehmen, die gehäuteten Tomaten und etwas Tomatenmark dazugeben, gut umrühren und fertig ist das Essen. Dazu lockeren Reis oder lockeren Couscous (➤ S. 22) servieren.

Zutaten für 4-6 Personen

1 Lammkeule, 1-1½ kg

1 afrikanischer Maggi-Brühwürfel

ca. 300 ml Erdnusscreme, je nach gewünschter Dicke der Soße

1 Zwiebel

3 Karotten

1 Knoblauchzehe

3 Tomaten

3-5 EL Tomatenmark

Öl

Salz und Pfeffer

Beilage

Reis oder Couscous

Der afrikanische Maggi-Brühwürfel

1908 brachte der Schweizer Lebensmittelfabrikant Julius Maggi den ersten, bis heute weltweit berühmtesten Brühwürfel auf den Markt. Schon während der Kolonialzeit eroberte der *Maggi Cube* die Küchen Afrikas. Die Einfachheit im Würzen von Speisen, die Lagerfähigkeit bei extremen Klimaverhältnissen und der geringe Preis förderten seine Popularität. Er ist als Gemüsebrühe, als Fisch-, Hühner-, Rinderbrühe, in der Geschmacksrichtung Shrimps, als Halal-Produkt und in anderen Ausführungen erhältlich. Seine Geschmacksverbesserung wird so hoch eingeschätzt, dass man ihn im Senegal »Corrige Madame« nennt, was »Verbessert Madame« bedeutet. Zwar gibt es inzwischen auch in Afrika zahlreiche Konkurrenzprodukte. Dennoch genießt der *afrikanische* Maggi-Brühwürfel als Synonym für Würze insbesondere unter westafrikanischen Migranten in Europa weiterhin Kultstatus. Und so findet er – importiert aus Afrika und in Afrika-Shops erhältlich – Eingang in dieses Buch, wobei als Ersatzprodukt jeder andere Brühwürfel verwendet werden kann.

Bananenchips

Zutaten

Kochbananen

Pflanzenöl zum Frittieren

Salz

Beilage

Dip

Kochbananen (➤ S. 83) haben nur wenig Süße und eignen sich deshalb sehr gut zur Zubereitung von geschmacksneutralen Chips. Die Bananen in dünne Scheiben schneiden und frittieren. Dazu sollte man geschmacksneutrales Pflanzenöl verwenden. Mit Salz, scharfem oder süßem Dip, heiß oder kalt, mit oder ohne TV genießen.

 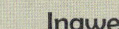 Ingwer

Ursprünglich aus Südostasien stammend wird die Ingwerpflanze heute in vielen tropischen Ländern der Erde angebaut. Verwendung findet die bis zu 1 m lange Hauptwurzel der Pflanze. Seit der Antike ist die antibakterielle Wirkung der im Ingwer enthaltenen ätherischen Öle als Heilmittel gegen Magenleiden, Übelkeit und Muskelschmerzen bekannt. Die von Afrikanern immer wieder beschworene positive Wirkung auf die männliche Potenz konnte allerdings nicht nachgewiesen werden. Als Gewürz findet man Ingwer heute in Fleisch- und Fischgerichten, in Tees oder in Backwaren weltweit.

Gingerbeer –
Alkoholfreier Saft
aus Ingwer und Vanillezucker

Zutaten für 1 Liter

100 g Ingwerpulver oder geriebener frischer Ingwer

1 l kaltes Wasser oder halb Wasser, halb Ananassaft

2 Päckchen Vanillezucker

Zucker nach Geschmack

Das Ingwerpulver oder den frisch geriebenen Ingwer (➤ oben) in das kalte Wasser oder den Wasser-Ananassaft-Mix einrühren. Dieses Gemisch sollte ca. 2 Stunden stehen. Danach zunächst Vanillezucker und dann Zucker nach Geschmack hinzufügen. Nach gründlichem Umrühren kann der Sud abgefiltert werden. Dazu ein feines Sieb, am besten ein Haarsieb, verwenden.

Sehr gut schmeckt das Gingerbeer zusammen mit Ananassaft. Das Mischungsverhältnis am besten selbst ausprobieren.

Cachupa Rica –
Kapverdische Schlachtplatte

Das kapverdische Nationalgericht ist auf den Inseln zu jeder Tageszeit beliebt und nicht weniger unter Kapverdern in aller Welt. Seinen Ursprung hat es in Zeiten, als die Inseln unter portugiesischer Kolonialherrschaft verarmten und Hunger für die meisten alltäglich war. Zubereitet wird es heute in zahllosen Varianten: als Cachupa Pobre (arm) nur mit Speck zubereitet, als Cachupa Rica (reich) mit Fleisch (Schwein, Rind, Huhn) oder Fisch. Was vom Vortag übrig bleibt, wird am nächsten Morgen als Cachupa Guisada als Frühstück serviert: Die dicke Suppe wird abgeschöpft und der trockene Eintopf mit Zwiebeln in der Pfanne geröstet und jedem Mitessenden mit einem Spiegelei auf der Cachupa gereicht.

Hier folgt eine üppige Variante der Cachupa Rica auf der Basis von Schweinefleisch.

Mais und Bohnen am besten über Nacht einweichen, das verkürzt die Kochzeit (3-4 Stunden) um ca. 1 Stunde. Mais und Bohnen einige Minuten aufkochen. Den Schaum von der Oberfläche entfernen. Die Lorbeerblätter und 1 EL Olivenöl hinzufügen. Zum Kochen bringen und schwach weiter kochen lassen. Nach 1 Stunde Pökelfleisch und Schweinefüße hinzufügen. Während des Kochens soll alles mit Wasser bedeckt sein. Nach ½-1 Stunde Knoblauchwurst hinzufügen. 1 weitere Stunde kochen lassen.

Zerkleinerte Zwiebeln, Knoblauch und Tomaten in Olivenöl anbraten, die Mischung der Cachupa beigeben und 1 weitere Stunde kochen lassen.

Mit Salz, Pfeffer und Brühe abschmecken. Die Blutwurst 30 Minuten vor Kochende hinzufügen. Weißkohl, Kürbis, Süßkartoffeln (➤ S. 125), Kochbananen (➤ S. 83) und Maniok (➤ S. 89) je nach Kochzeit hinzufügen.

Zutaten für 6 Personen

250 g getrockneter Mais

250 g getrocknete Bohnen

5 Lorbeerblätter

1 EL Olivenöl

500-750 g mageres Pökelfleisch

1-2 Schweinefüße

300 g Knoblauchwurst

3 Zwiebeln

4-6 Knoblauchzehen

3-4 reife Tomaten

1-2 Blutwürste

¼ kleiner Weißkohl

Süßkartoffeln, Kochbananen, Maniokwurzeln oder Kürbis nach Geschmack

Piri Piri

Gemüse- oder Fleischbrühe

Salz und Pfeffer

   Piri Piri

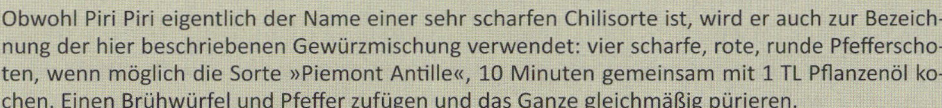

Obwohl Piri Piri eigentlich der Name einer sehr scharfen Chilisorte ist, wird er auch zur Bezeichnung der hier beschriebenen Gewürzmischung verwendet: vier scharfe, rote, runde Pfefferschoten, wenn möglich die Sorte »Piemont Antille«, 10 Minuten gemeinsam mit 1 TL Pflanzenöl kochen. Einen Brühwürfel und Pfeffer zufügen und das Ganze gleichmäßig pürieren.

Falls Maniok verwendet wird, diesen nach dem Waschen und Schälen halbieren und die harte, ungenießbare Mittelvene herausschneiden (➤ S. 89). Die beiden Hälften in ca. 5 cm lange Stücke schneiden und in ca. 20 Minuten weich kochen. Um die Bildung von giftigem Linamarin zu unterbinden, Kochzeit nicht unterschreiten.

Mit Piri Piri (➤ S. 49) abschmecken. Nach dem Kochen das Ganze noch einige Minuten ziehen lassen. Fleisch, Wurst und Gemüse auf einer großen Platte arrangieren. Mais und Bohnen aus einer Schüssel servieren.

Burere Bandi –
Adlerfisch in Erdnussoße mit Spinat und Reis

Fisch putzen, ausnehmen, quer in 4-5 Teile schneiden und kurz in heißem Pflanzenöl scharf anbraten, aber nicht garen.

Spinat: Den Spinat und den geschnittenen Weißkohl in wenig Wasser kurz aufkochen, dann das geschnittene Gemüse zusammen mit den zerdrückten Brühwürfeln (➤ S. 47) zufügen. Nach ca. 30 Minuten, wenn das Gemüse gar ist, Garnelen und Tomatenmark unterrühren und in 4 Minuten fertig kochen.

Erdnussoße: In einem zweiten Topf 200 ml Wasser aufkochen, Erdnussöl unterrühren und das geschnittene Gemüse, außer dem Maniok, und den zerdrückten Brühwürfel zugeben und 15 Minuten köcheln lassen. Den Maniok (➤ S. 89) nach dem Waschen und Schälen halbieren und die harte, ungenießbare Mittelvene herausschneiden. Den Maniok 10 Minuten separat in Salzwasser kochen. Dann die beiden Hälften in ca. 3-5 cm lange Stücke schneiden und im Topf auf dem Gemüse platzieren. Topf zugedeckt 15 Minuten auf mittlerer Hitze halten.

Danach den geschnittenen Fisch so auf den Maniok schichten, dass er außerhalb der Soße bleibt und im Dampf weiter gegart wird. Nach weiteren 10 Minuten sollte der Fisch weich wie eine gare Kartoffel sein. Fisch vorsichtig aus dem Topf heben und mit der Soße, dem Spinat und dem Reis servieren. Dazu etwas von der scharfen Gewürzmischung Piri Piri (➤ S. 49) reichen.

Seit 1987 lebt Pablo Abdoulaye Syllambengue in Frankfurt am Main. In seiner Werkstatt werden Trommeln hergestellt und repariert. Hier finden Trommelworkshops statt, und gemeinsam mit seinen Schülern ist er immer wieder auf Tournee innerhalb und außerhalb Deutschlands. Aus seiner guineischen Muttersprache Soussou stammt auch der klangvolle Name dieses Gerichts – Burere Bandi.

Zutaten für 4-5 Personen

1 Adlerfisch (Yellow Crocker), ca. 1 kg;
falls nicht erhältlich:
1 große Dorade, ca. 1 kg
Piri Piri
Pflanzenöl

Für den Spinat

900 g Blattspinat
¼ Weißkohl
1 rote Paprika
2 Zwiebeln
3-4 afrikanische Maggi-Brühwürfel
600 g Garnelen, geschält
100 g Tomatenmark

Für die Erdnussoße

100 ml Erdnussöl
¼ Weißkohl
1 roter Paprika
3 Karotten
1 Zwiebel
1 afrikanischer Maggi-Brühwürfel
1-2 Maniokwurzeln

Beilage

Reis

Gegrillte Doraden mit Soße und Reis

Zutaten für 4 Personen

4 Doraden à 500g
Essig
Öl (evtl. auch zum Frittieren)
Salz und Pfeffer

Für Marinade und Soße

6 reife Tomaten
2 große Zwiebeln
1 Bund Petersilie
4 Knoblauchzehen
1 afrikanischer Maggi-Brühwürfel
4 EL Pflanzenöl

Beilage

Reis

Die Fische putzen, ausnehmen, gründlich abspülen und in die Fischkörper seitliche Taschen zur Aufnahme der Marinade schneiden. Alle Zutaten für Marinade und Soße klein hacken, mit dem fein zerriebenen Brühwürfel (➤ S. 47) mischen und mit Salz und Pfeffer abschmecken. Die Hälfte der Mischung für die Soße beiseite stellen. Die andere Hälfte zum Marinieren in die seitlichen Einschnitte und den Bauchraum des Fisches füllen. Einige Stunden im Kühlschrank einwirken lassen.

Die beiseite gestellten gehackten Zutaten für die Soße jetzt pürieren und mit ca. 125 ml Wasser aufkochen. Unter ständigem Rühren auf kleiner Flamme köcheln lassen, bis das Wasser nahezu verdunstet ist. Etwas Öl und einen Schuss Essig unterrühren und mit Salz und Pfeffer abschmecken.

Die Fische in Öl frittieren oder besser auf dem Rost grillen und auf dem Teller mit Tomaten- und Zwiebelscheiben dekorieren. Die Soße darüber gießen und mit Reis servieren.

Fufu, Kenkey & Co. – Geliebter klebriger Gummibrei

Es wird Ihnen kaum gelingen, einen Westafrikaner ausfindig zu machen, der Fufu nicht mag. Auch viele andere afrikanische Länder sind kulinarisch ohne den täglichen Verzehr einer derartigen klebrigen, gummiartigen Masse kaum vorstellbar. Fufu besteht meistens aus extrem stärkehaltigen Knollen wie Maniok (➤ S. 89) oder Yams (➤ S. 68), aus Kochbananen (➤ S. 83) oder aus verschiedenen Kombinationen. Diese werden in Salzwasser weich gekocht und zu einer breiigen Masse zerstampft. Diese Masse muss dann einige Minuten sehr kräftig und möglichst schnell gerührt werden. Dabei wird sie immer fester, aber auch elastischer. Den Topf eventuell auf kleiner Hitze halten oder zwischendurch immer mal wieder auf den Herd stellen. Am Ende lassen sich leicht faustgroße Bälle formen, die auf die Teller verteilt werden.

Wird der Brei auf Basis eines fermentierten Maisteigs hergestellt, erhält man Kenkey. Auf der Basis eines unfermentierten Maisgrießes erhält man Sadza (➤ S. 143). Sadza ist die simbabwische Variante der Polenta und auch unter den Namen Ugali in Ostafrika, Pap oder Mealie-Pap in Südafrika und Namibia oder Pirao oder Funje in Angola bekannt. In Mosambik nennt man den Brei Xima oder auch Upswa. Und mit Sicherheit gibt es noch Dutzende weiterer Namen dafür. Nicht immer werden allerdings diese Breie bis zu jener Elastizität gerührt, die für Fufu typisch ist.

Instant-Fufu mit Kochbananen

Die Kochbananen (➤ S. 83) schälen und einige Minuten kochen. Dann mit der Gabel zu einem Brei zerdrücken. Das Instant-Fufu-Pulver und das Kartoffelmehl in einem Topf gut verrühren. Auf kleiner Hitze langsam heißes Wasser dazu gießen und dabei immer rühren, damit sich keine Klumpen bilden können. Abwechselnd Wasser hinzufügen und rühren, bis eine klebrige Masse entstanden ist. Vom Herd nehmen und ca. 10 Minuten weiterrühren, bis alles schön elastisch ist.

Zutaten für 4 Personen

3 Kochbananen

450 g Instant-Fufu

2 EL Kartoffelmehl

Rindfleisch mit Erdnusssoße und Fufu

Zutaten für 4 Personen

1 große Zwiebel

3 Knoblauchzehen

2 daumengroße Stücke Ingwer

600 g Rinderbraten aus der Schulter

2 große Tomaten

1 Stängel Rosmarin

1 Lorbeerblatt

3 Gewürznelken

1 Maggi-Würfel »Klare Gemüsebrühe«

2 EL Tomatenmark

5 EL Erdnussbutter

2 Pfefferschoten, wenn möglich die Sorte »Piemont Antille«

Scharfes Paprikapulver

Öl

Salz und Pfeffer

Beilage

Fufu

Zwiebel und Knoblauch fein hacken, Ingwer (➤ S. 48) reiben und alles in Öl anbraten, bis die Zwiebeln glasig sind.

Fleisch in gulaschgroße Würfel schneiden, Tomaten würfeln und zusammen mit Rosmarin und Lorbeerblatt in den Topf geben. Mit ca. 125 ml Wasser auffüllen, Salz nach Geschmack hinzufügen und 1½-2 Stunden (bis das Fleisch weich ist) im zugedeckten Topf garen.

Topf öffnen und die im Mörser zerriebenen Nelken, den zerkleinerten Brühwürfel, Tomatenmark und die Erdnussbutter unterrühren. Die Pfefferschoten im Ganzen in den Topf legen. Aber Vorsicht – nicht beschädigen. Mit Salz, Pfeffer und Paprika abschmecken und unter gelegentlichem Rühren noch 20 Minuten köcheln lassen. Mit Fufu (➤ S. 53) servieren.

Afrikanisch Kochen lernte die Künstlerin Tess Venier schon als Kind von ihrer Mutter und Großmutter. Europäisch Kochen brachte sie sich später selbst bei. Hier wurde sie mit den kräftigen Kräutern Europas bekannt: Rosmarin, Thymian, Gewürznelken. Mit diesen ersetzte sie bald die Originalgewürze in den afrikanischen Gerichten ihrer Heimat.

Aufgewachsen mit einer afrikanischen Mutter und einem französischen Vater in der Elfenbeinküste, lernte sie schon frühzeitig beide Kulturen kennen. Bereits als Schülerin begann sie zu malen. Doch die heutige Bedeutung erlangte die Malerei für sie erst, als sie vor Jahren über die Schweiz nach Frankfurt am Main kam. Neben den Farben arbeitet sie verschiedene Materialien, zum Beispiel Steine oder Blattgold, in ihre Bilder ein. Das gibt ihnen einen besonderen Charakter. Im Frankfurter Künstlerklub hatte Tess Venier ihre erste Ausstellung. Wie beim Kochen vermischt sie auch in ihrer Malerei die europäischen und afrikanischen Stile und Themen. Auf ihrem Weg sammelt sie überall das Typische auf, bringt es mit dem Typischen anderer Orte zusammen und schafft damit etwas Neues.

Rote Bete Salat

Zutaten für 4 Personen

3 Eier
4 Rote Bete
½ Salatgurke
3 EL Olivenöl
2-3 EL Honig
Saft von 1 Zitrone
1 Bund Petersilie
1 Knoblauchzehe
1-2 TL weißer Balsamico-Essig
Salz und Pfeffer

Zuerst die Eier hart kochen, dann abschrecken und in kaltem Wasser abkühlen lassen. Die Roten Bete kochen und anschließend die Haut abziehen. Die Salatgurke und die Roten Bete in Scheiben schneiden und mit dem angefallenen Saft vermischen. Das Olivenöl und den Honig unterrühren. Die Zitrone auspressen und den Saft dazugeben. Die Petersilie klein schneiden, die Knoblauchzehe reiben und mit dem Balsamico untermischen. Zum Schluss die Eier vierteln und vorsichtig im Salat verteilen. Mit Salz und Pfeffer abschmecken.

Tropischer Obstsalat

Zutaten für 6-8 Personen

1 Ananas
1 große Papaya
2 Mangos
2 Bananen
4 EL Zucker

Das Obst in Würfel schneiden. 4 EL Zucker in eine heiße Pfanne geben, ein wenig Wasser hinzufügen und den Zucker karamellisieren lassen, bis er leicht braun ist. Jetzt 2 EL der gewürfelten Ananas einrühren und einen Moment erhitzen. Dabei gründlich rühren, damit nichts anbrennt.

Das frische Obst in Schalen verteilen, die karamellisierte Ananas noch warm darüber legen und sofort servieren.

Soups –
die eigentlich Soßen sind

Obwohl sie Soups genannt werden, sind sie keine eigenständigen Gerichte. Sie entsprechen unserem Verständnis von Soßen und werden wie diese immer in Verbindung mit einer Beilage, zum Beispiel Fufu (➤ S. 53), Kenkey (➤ S. 53) oder Reis, serviert. Viele Soups enthalten bereits Fleisch oder Fisch. Soups können aber auch rein vegetarisch sein. In jedem Falle bestimmen die Soups den Geschmack eines Gerichtes. Sie sind sozusagen die Seele des Gerichtes. Nachfolgend einige Soup-Varianten.

Tomatensoup mit Hähnchen

Das Hähnchen waschen, in Stücke schneiden und in einem Topf mit kaltem Wasser bedecken und zum Kochen bringen. Die unzerteilten Tomaten und die klein gehackten Zwiebeln zufügen und mit Salz abschmecken. Auf kleiner Flamme kochen lassen, ab und zu Schaum und Fett abschöpfen. Die Pfefferkörner extra kochen. Wenn sie weich sind, in die Soup geben. Wenn sich das Fleisch leicht vom Knochen löst, das Gericht heiß mit Fufu (➤ S. 53) servieren.

Zutaten für 4 Personen

1 Brathähnchen

6-8 Tomaten

2 Zwiebeln

1 TL schwarze Pfefferkörner

Salz

Beilage

Fufu

   Essen ohne Besteck

Nicht nur in Ghana und anderen westafrikanischen Ländern, sondern auch bei den in Europa lebenden Afrikanern werden solche Gerichte traditionell ohne Besteck mit den Fingern gegessen. Dazu wird das Gericht auf einem großen Teller in die Mitte des Tisches gestellt. Mit Daumen, Zeige- und Mittelfinger werden kleine, mundgerechte Fufubällchen (➤ S. 53) geformt und dann in der Soup gedreht und geschwenkt, bis diese Bällchen von allen Seiten mit der Soup überzogen sind. Jeder führt sein Essen mit der Hand direkt von der Schüssel zum Mund. Allerdings nimmt sich auch jeder nur die Speisen vom Teller, die direkt vor ihm liegen. Man achtet darauf, nicht in den Bereich des Nachbarn zu kommen.

Bei einer anderen Variante nutzt man Stücke von Fladenbrot für die Aufnahme der Speisen. Aber auch hier gilt: Jeder bleibt beim Essen in seinem Bereich.

Light Dried Fish Soup – Trockenfischsuppe

Zutaten für 4 Personen

1 kg Trockenfisch
3 Tomaten
1 Zwiebel
1 afrikanischer Maggi-Brühwürfel »Shrimps«
4 EL Tomatenmark
1 Chili
4 Knoblauchzehen
2 TL Oregano
1 Zweig Thymian
1 Lorbeerblatt
Salz

Variationen

Zusätzlich 1 Glas Weißwein oder 1 Glas Cognac

Beilage

Fladenbrot oder Baguette

Der Trockenfisch muss vor seiner Zubereitung 1-2 Tage lang gewässert werden, um das Salz herauszulösen. Dazu den Fisch in eine große Schüssel mit reichlich Wasser legen. Zuerst das Wasser dreimal hintereinander wechseln. Danach dreimal stündlich und nach einem halben Tag sollte das Wasser jeweils nach 3-5 Stunden durch frisches ersetzt werden.

Am Tag der Zubereitung die klein geschnittenen Tomaten und die Zwiebel kochen. Danach unter Zugabe von ca. 125 ml Kochwasser pürieren, in einem großen Topf aufkochen und den zerdrückten Brühwürfel (➢ S. 47) und das Tomatenmark unterrühren. Die Chili im Ganzen zugeben. Nun den ausreichend gewässerten Trockenfisch in den Topf legen, alles mit Wasser bedecken und 15 Minuten auf mittlerer Hitze kochen.

Die Hitze reduzieren und den Trockenfisch vorsichtig im Ganzen herausnehmen. Der Suppe die gehackten Knoblauchzehen, Oregano, Thymian und das Lorbeerblatt zugeben. Wer möchte, gießt jetzt den Wein oder den Cognac in den Topf.

Dem herausgenommenen Fisch sorgfältig die Gräten entfernen und das Fleisch wieder zurück in den Topf legen. Alles weiterhin mit Wasser bedeckt haltem und noch so lange kochen, bis der Fisch weich ist; das kann noch einmal 10-20 Minuten dauern. Die genaue Dauer hängt vom Trocknungsgrad, von der Wässerungsdauer und auch von der Fischsorte ab. Man sollte hier einfach etwas experimentieren. Jetzt erst nach Geschmack salzen.

Als Beilage empfiehlt sich frisches Fladenbrot oder Baguette.

Trockenfisch

Weltweit werden Lebensmittel zur Haltbarmachung seit Jahrhunderten, zum Teil sogar seit Jahrtausenden getrocknet. Früchte, Gemüse, Fleisch und Fisch können dadurch nicht nur länger eingelagert werden. Auch Transport und Handel über weite Strecken sind damit möglich. So kann Fisch beispielsweise getrocknet auch weitab der Fangstelle angeboten werden.

Man kennt verschiedene Wege Fisch zu trocknen. Sehr fettige Fische werden manchmal im Ganzen, also mit Kopf und allen inneren Organen getrocknet. Meist werden aber die Organe und der Kopf vor dem Trocknen entfernt. Vor dem Trocknen wird der Fisch oft gründlich gewässert und danach kräftig gesalzen. Das Salz entzieht dem Fisch schon Feuchtigkeit, ehe die Sonne den Prozess vollendet. Dazu werden die Fische für mehrere Tage auf großen Holztischen breit ausgelegt. Manche Zubereitungsarten erfordern auch ein Räuchern der Fische vor der ausgiebigen Trocknung in der Sonne. Diese Fische legt man dann auf Holz- oder Eisengestellen aus, unter denen das Räuchermaterial schwelt oder brennt. Die Sonnentrocknung schließt den Vorgang ab.

Nsesaawa Nkwan –
Fisch in Meerwassersoup

Zutaten für 4 Personen

*1-1½ kg Fischfilet
(z. B. Rotbarsch)
und 1 kg Fischabschnitt
oder 2-3 kg kleinere
Fische (z. B. Rotbarbe,
Wolfsbarsch)*

5 Zwiebeln

1 scharfe Peperoni

*1¼ l Meerwasser,
alternativ: Wasser
mit reichlich Meersalz*

Beilage

Fufu

Das Fischfilet waschen oder, falls man kleinere ganze Fische verwendet, diese waschen und ausnehmen. Im Fischgeschäft kann man mit etwas Glück – oder auf Bestellung – Fischabschnitt kaufen. Das sind Köpfe, Schwänze, Hauptgräten – Reste, die beim Filetieren und Zuschneiden von Fisch übrig bleiben. Diese Reste haben eine Menge Aroma und sind sehr gut für Suppen und Fonds einsetzbar. Man kann die Köpfe, Schwänze und Flossen abschneiden und ebenso wie den zugekauften Fischabschnitt in einen kleinen Leinensack packen. Den Leinensack und die fein gehackten Zwiebeln und die Peperoni zusammen 1 Stunde im Salzwasser kochen. In Afrika wird Fisch die ganze Zeit mitgekocht und zerfällt natürlich dabei. Doch wenn man Fleischstruktur, Geschmack und Konsistenz erhalten will, sollte man die Filets oder die ausgenommenen Fische erst kurz vor Schluss dazugeben. Je nach Größe 5-10 Minuten vor dem Ende der Kochzeit. Fisch auf Fufu (➢ S. 53) anrichten, etwas von der Kochbrühe drübergießen und heiß servieren.

Fufu with Lightsoup –
Traditionelles Fisch- und Fleischgericht
aus Ghana

Der Dörrfisch muss vor seiner Zubereitung 1-2 Tage lang gewässert werden, um das Salz herauszulösen. Dazu den Fisch in eine große Schüssel mit reichlich Wasser legen. Zuerst das Wasser dreimal hintereinander wechseln. Danach dreimal stündlich. Nach einem halben Tag sollte das Wasser jeweils nach 3-5 Stunden durch frisches ersetzt werden.

Wie die meisten Afrikaner, die im Westen leben, bereitet auch Doris den Fufu (➢ S. 53) nicht mehr umständlich selbst zu, sondern greift auf eine Packung Instant-Fufu zurück: Einfach gemäß der Anleitung auf der Packung zubereiten – das spart nicht nur Arbeit, sondern garantiert auch Nichtafrikanern das einwandfreie Gelingen.

Für Fleisch gibt es allerdings noch keinen Instantersatz. Zuerst das Fleisch in gulaschgroße Würfel schneiden und mit den klein gehackten Zwiebeln 5 Minuten in ein wenig Wasser dämpfen. Während dieser Zeit die Tomaten und eine scharfe Peperoni pürieren und zum Fleisch in den Topf geben. Abschließend den portionierten Trockenfisch (➢ S. 59), 1 Brühwürfel (➢ S. 47) und 1 Liter Wasser zugeben, mit Salz und Pfeffer abschmecken und das Ganze kochen, bis das Fleisch und der Fisch weich genug sind. Mit Fufu anrichten.

Zutaten für 4 Personen

500 g Dörrfisch

500 g Rindfleisch zum Kochen

2 Zwiebeln

1 Dose geschälte Tomaten

1 scharfe Peperoni

*1 afrikanischer
Maggi-Brühwürfel*

*1 Packung Instant-Fufu
(oder Fufu selbst zubereitet)*

Salz und Pfeffer

Beilage

Fufu

Hier handelt es sich um eines der wenigen ölfreien Rezepte der afrikanischen Küche – deshalb wohl auch der Name »Lightsoup«.

Nkakra –
Auberginensoup mit Huhn

Zutaten für 4 Personen

1 Huhn
4 Auberginen
2 grüne Gemüsepaprika
3 Tomaten
6 Zwiebeln
Salz und Pfeffer

Beilage

Fufu, Maniok oder Yams

Das Huhn waschen und in vier Teile zerlegen. In einem Topf mit ausreichend Wasser zum Kochen bringen. Auberginen und Gemüsepaprika waschen, klein schneiden und mit dem Hähnchen kochen. Gehackte Tomaten, gehackte Zwiebeln und Salz und Pfeffer zugeben. Das weiche Gemüse herausnehmen, in einem Extragefäß pürieren und wieder zurück zum Hähnchen geben. Die Soup köcheln lassen, bis das Fleisch weich ist. Mit Fufu (➤ S. 53), Maniok (➤ S. 89) oder Yams (➤ S. 68) servieren.

Agushie

Agushie –
Kürbiskernsoup mit Spinat,
Rinderhaut und Räucherfisch

Die Kürbiskerne, die in Ghana etwas klangvoller Agushi heißen, mit etwas Wasser mischen und mit einem Mixer pürieren. Das Püree soll dann cremig ohne fühlbare Körnchen sein. Mit einem Pürierstab geht es auch, macht aber mehr Mühe und dauert länger. Püree beiseite stellen.

Yams (➤ S. 68) und Kochbananen (➤ S. 83) schälen. Rinderhaut gründlich waschen. Alles in 4 cm große Stücke schneiden und in kochendem Salzwasser garen, bis die Yams nach ca. 20 Minuten etwa so weich wie eine gekochte Kartoffel ist.

Spinat waschen, schneiden, in kochendem Wasser kurz blanchieren und beiseite stellen.

In einem großen Topf das Palmöl (➤ S. 148) stark erhitzen und die fein gehackte Zwiebel glasig braten. Paprikapulver einstreuen und eine Minute weiterbraten. Dann das Tomatenmark mit einem Schneebesen sorgfältig hineinmischen und kurz aufkochen. Jetzt die pürierten Kürbiskerne, den Spinat und den zerriebenen Brühwürfel (➤ S. 47) einrühren.

Original wird dieses Rezept mit bis zu 600 ml Palmöl gekocht. Die hier gekochte »Light-Variante« kam mit 250 ml Öl aus. Um den notwendigen Flüssigkeitsanteil des Gerichtes dennoch zu erreichen, kann man etwas Spinatkochwasser zugegeben.

Alles auf kleiner Hitze unter gelegentlichem Rühren 20 Minuten köcheln lassen; eventuell noch einmal Spinatkochwasser auffüllen. Danach den in 3-5 cm große Stücke geschnittenen Räucherfisch bzw. den Tunfisch vorsichtig unterheben. Noch 2 Minuten köcheln lassen, nach Geschmack salzen und pfeffern und dann mit Yams und Kochbananen servieren. Dazu ein kaltes Pils oder Gingerbeer (➤ S. 48) reichen.

Zutaten für 4 Personen

600 g Kürbiskerne
½ Yamswurzel
4 Kochbananen
4 Bund Spinat
250 ml Palmöl
1 große Zwiebel
½ TL scharfes Paprikapulver
250 g Tomatenmark
1 afrikanischer Maggi-Brühwürfel »Shrimps«
500 g Rinderhaut (gefroren aus dem Afrika-Shop)
1 geräucherte Makrele, alternativ: 200 g Tunfisch aus der Dose
Salz und Pfeffer

Kräftiger Fisch- und Fleischtopf

Zutaten für 4 Personen

500 g Rindfleisch
1 große Zwiebel
2 Knoblauchzehen
Palmöl
1 daumengroßes Stück Ingwer
3 Gewürznelken
500 g Blattspinat
100 g Tomatenmark
250 g passierte Tomaten
Oregano
Majoran
Fleischbrühe
8 Kaisergranaten
1 geräucherte Makrele
2-3 Peperoni
Salz und Pfeffer

Beilage

Couscous oder Fufu

Rindfleisch würfeln und mit einer halben klein geschnittenen Zwiebel und Knoblauch in Palm-öl (➤ S. 148) anbraten. Mit Wasser ablöschen und mit dem fein geschnittenen Ingwer (➤ S. 48), den Gewürznelken, Salz und Pfeffer auf mittlerer Hitze kochen lassen.

Blattspinat blanchieren, dabei mit Salz und Pfeffer abschmecken. Das Wasser abgießen. Damit der Spinat sein frisches Aussehen erhält, sollte man jetzt eine Handvoll Eiswürfel untermischen.

In einem Topf 2 EL Palmöl erhitzen, eine halbe Zwiebel glasig dünsten, Tomatenmark einrühren, passierte Tomaten, Peperoni sowie Pfeffer, Oregano und Majoran nach Geschmack dazugeben und mit etwas Fleischbrühe ablöschen. Darin die Kaisergranaten (➤ unten) ca. 5 Minuten kochen lassen und dann beiseite legen. Das gegarte Rindfleisch abgießen und der Soße zufügen. Zuletzt die Kaisergranaten und die zerkleinerte Makrele vorsichtig in den Topf zurück-legen. Alles noch einmal kurz erhitzen und mit Couscous (➤ S. 22) oder Fufu (➤ S. 53) servieren. Abgebildet findet sich das Gericht auf dem Buchumschlag.

   Kaisergranaten

Die Kaisergranaten gehören zur Familie der Zehnfußkrebse. Oft werden sie den Garnelen zuge-ordnet. Dafür sorgt auch ein gewisses Durcheinander in der Bezeichnung dieser Meerestiere. So werden sie zum Beispiel in Italien als Scampi bezeichnet, was im deutschen Sprachraum oft dazu verführt, sie zu den Garnelen zu zählen. In Frankreich heißen die Kaisergranaten Langoustines, was wiederum zu Verwechslungen mit der viel teureren Languste führt. Ihre Hinterkörper gelten als Delikatesse, und größere Tiere enthalten auch brauchbare Fleischstücke in den Scheren. Kai-sergranaten werden in der Nordsee, dem Mittelmeer und dem Atlantik gefischt.

Fisch mit Okragemüse

Die Okras (➢ S. 70) waschen, putzen und in 1-2 cm lange Stücke schneiden. In einer Pfanne Pflanzenöl erhitzen, eine fein gehackte Zwiebel glasig braten und die Okras dazugeben. Salzen und Pfeffern nach Geschmack und einige Minuten dünsten, bis die Okras gar sind.

In leicht gesalzenem Wasser eine geschnittene Zwiebel, eine unzerkleinerte rote Chilischote, eine Knoblauchzehe, Pfefferkörner und den Brühwürfel (➢ S. 47) aufkochen.

Fisch in 5 cm lange Stücke schneiden und 10 Minuten in den kochenden Sud legen. Auf kleinster Flamme noch 2 Minuten köcheln lassen.

Fisch und Okragemüse mit Reis oder Fufu (➢ S. 53) servieren.

Zutaten für 4 Personen

1 kg Okraschoten

2 Zwiebeln

1 große rote runde Chilischote

2 Knoblauchzehen

½ TL Pfefferkörner

1 afrikanischer Maggi-Brühwürfel

1 Wolfsbarsch, ca. 1 kg

Pflanzenöl

Salz und Pfeffer

Beilage

Reis oder Fufu

Amiwo –
Maisbrei mit Tomaten
und mariniertem Hähnchenfleisch

Zur Herstellung der Marinade eine Zwiebel, eine Knoblauchzehe und zwei Korianderzweige klein schneiden und mit dem Kreuzkümmel in das Palmöl (➢ S. 148) einrühren. Die Tamarinde (➢ S. 42), falls nötig, in Wasser aufweichen und zerkleinert untermischen. Mit Piri Piri (➢ S. 49) und Salz abschmecken. Das Hähnchenfleisch darin einlegen und über Nacht im Kühlschrank ziehen lassen.

Am nächsten Tag das Fleisch aus der Marinade nehmen, abtropfen lassen und eventuell mit Küchenpapier etwas abtrocknen.

In einer Pfanne etwas Palmöl erhitzen, klein geschnittene Zwiebeln andünsten und darin die Hähnchenteile scharf anbraten. Eine in Scheiben geschnittene Stange Sellerie mit anbraten. Später die geschälten Tomaten, die getrockneten Shrimps und die fein gehackte Knoblauchzehe einrühren. Mit Salz und Pfeffer abschmecken. Piri Piri eignet sich sehr gut zum zusätzlichen Würzen dieses Gerichtes.

Für die Soße eine klein gehackte Zwiebel in 3 EL Palmöl anbraten, klein geschnittenen Ingwer, eine klein gehackte Stange Sellerie und die fein gehackte Peperoni zugeben. Weitere 10 Minuten braten, dann mit 250 ml Wasser aufgießen und in 20 Minuten fertig kochen. Frische Tomaten achteln und zugeben.

Für den Amiwo (Maisbrei) die geschälten Tomaten pürieren und mit 1 Liter Wasser, den Bockshornkleeblättern und dem Tomatenmark gut vermischen. Den Koriander und die Petersilie klein geschnitten dazugeben. Knoblauchzehe fein hacken, eine Stange Sellerie in schmale Scheiben schneiden und alles kochen, bis der Sellerie fast weich ist. Eine Variante ist es, diese Gemüsebrühe jetzt zu pürieren. Vor-

Zutaten für 4 Personen

3 Zwiebeln

2 Knoblauchzehen

2 Zweige Koriander

1 TL Kreuzkümmelpulver

ca. 250 ml Palmöl

1 Tamarinde

Piri Piri

600 g Hähnchenbrust oder 4 Hähnchenkeulen

2 Stangen Sellerie

200 g geschälte Tomaten aus der Dose

100 g getrocknete Shrimps

1 daumengroßes Stück Ingwer

1 Peperoni

3 frische Tomaten

Salz und Pfeffer

Amiwo

200 g geschälte Tomaten aus der Dose

2 EL Bockshornkleeblätter

5 EL Tomatenmark

2 Zweige Koriander

2 Zweige Petersilie

1 Knoblauchzehe

1 Stange Sellerie

100 g Maismehl

sicht: sehr heiß! Am besten abkühlen lassen, pürieren und anschließend wieder aufkochen.

Dann das Maismehl langsam einrühren und ca. 5 Minuten unter ständigem Rühren bei kleiner Hitze köcheln lassen. Es entsteht ein dicker fester Brei.

Hähnchen zerteilt und mit der Soße übergossen neben dem Maisbrei auf Tellern servieren.

Frittierte Yams mit Paprika-Spinat

Zutaten für 6 Personen

3 Zwiebeln
2 rote Paprika
6 grüne Chilischoten
500 g Blattspinat
3 Tomaten
½ Bund Koriander
1 Yamswurzel
1-2 TL Curry
Sonnenblumenöl
Salz und Pfeffer

In einer großen Pfanne 5 EL Öl erhitzen. Geschnittene Zwiebeln, Paprika und Chili anbraten. Eventuell etwas Wasser zugeben. Die Spinatblätter vierteln und nach und nach in die heiße Pfanne legen und hin und wieder darin wenden. Wenn sich das Volumen verringert hat, weitere Blätter zugeben. Sobald der gesamte Spinat zusammengekocht ist, den Curry unterrühren und die in halbierte Scheiben geschnittenen Tomaten zugeben und noch ein paar Minuten auf kleiner Hitze dünsten. Zum Schluss die von den Stielen gezupften Korianderblätter drüberstreuen. Mit Salz und Pfeffer abschmecken.

Die Yams (➤ unten) wie eine Kartoffel schälen, in dünne Scheiben schneiden und in heißem Öl frittieren. Wenn die Scheiben weich sind und goldbraun aussehen, mit dem Paprika-Spinat servieren.

Dieses Gericht eignet sich auch gut als Vorspeise oder Partysnack.

   Yams

Yams, Yam oder auch Yamswurzel genannt, ist ein in den Tropen wachsendes Wurzelgewächs. Die Wurzelknolle kann zwar bis zu 2 m lang werden, die handelsüblichen Yams sind aber nur 20 bis 30 cm lang. Die Knollen müssen vor dem Verzehr geschält und gegart werden. Roh verzehrte Yams können eine Giftwirkung entfalten. Geschmacklich ähneln sie einer Mischung aus Kartoffel und Esskastanie. Verwendung finden die Yams in Gemüsemischungen oder auch als eigenständige Beilage.

Cacao-Dessert

Die Hälfte der Milch in einen Topf gießen. Weizenmehl und 3 Eier mit einem Schneebesen einrühren und unter ständigem Rühren aufkochen. Eventuell ab und zu etwas Milch nachgießen, damit sich die Masse noch rühren lässt. 10 Minuten auf kleiner Flamme kochen, häufig umrühren, den Zucker hinzugeben und abkühlen lassen.

In der Zwischenzeit mit der restlichen Milch und dem eingerührten Kakao eine dicke, bittere Schokocreme aufkochen.

Die Eiermehlspeise in Schälchen verteilen und die Schokocreme darüber gießen.

Zutaten für 4 Portionen

400-500 ml Milch
mit mindestens 3,5% Fett
220 g Weizenmehl
3 Eier
100 g Zucker
100 g Kakaopulver

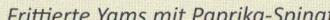

Frittierte Yams mit Paprika-Spinat

Okra-Soße
mit Rindfleisch und Fisch

Zutaten für 4 Personen

300 g Rindfleisch
3 Kartoffeln
500 g Okraschoten
1 Aubergine
500 g Tomaten
1 Zwiebel
300 g Räucher- oder Dörrfisch
200 g Shrimps
3-4 Knoblauchzehen
Palmöl
Salz und Pfeffer

Beilage

Reis oder Fufu

Alle Zutaten in kleine Stücke schneiden. Rindfleisch in einem Topf mit Wasser bedecken und weich kochen.

In der Zwischenzeit Kartoffeln, Okra (➤ unten) und die Aubergine ca. 8 Minuten separat kochen. Tomaten, Knoblauch und Zwiebeln in Palmöl (➤ S. 148) andünsten und dann auch in den Topf geben. Nun Fleisch, Kartoffeln und Gemüse mit Salz und Pfeffer hinzufügen und weitere 10 Minuten bei kleiner Hitze kochen. Vorsichtig Räucherfisch und Shrimps dazugeben und abschließend weitere 5 Minuten kochen lassen. Das Ganze dann mit Reis oder Fufu (➤ S. 53) servieren.

 Okra –
das Allroundgemüse

Seit über 4000 Jahren bekannt, ist Okra eines der am längsten genutzten Gemüse der Welt. Die ursprüngliche Verbreitung reichte vom Niger im Westen bis zum Nil im Osten und nach Süden über das Kongobecken hinaus. Mittlerweile wird diese Schote auch in Südeuropa, im Süden der USA, in Asien und in der Karibik angebaut. Man kann sie dünsten, braten, trocknen und kochen. Sie findet Verwendung in Süßspeisen oder wird sauer eingelegt wie eine Gurke. Wegen ihrer Form wird sie auch Frauenfinger genannt. In den französischen und kreolischen Sprachgebieten heißt sie auch Gumbo. Das bedeutet Frucht und macht somit die universelle Bedeutung dieses Gemüses deutlich.

Aber diese Frucht hat noch eine weitere wichtige Eigenschaft: Kommt sie mit Wasser in Berührung, sondert sie eine schleimige Flüssigkeit ab, die nach kurzer Zeit geliert. Diese natürliche Stärke ist insbesondere zum Eindicken von Suppen und Eintöpfen dienlich.

Tschad

Äquatorial-
guinea

Eritrea

Zentralafrikanische
Republik

Süd-
sudan

Äthiopien

Kamerun

Gabun

Republik
Kongo

Uganda

Kenia

Somalia

Ruanda
Burundi

Demokratische
Republik
Kongo

Tansania

Sansibar

Ost-
und Zentralafrika

Junge Ziegenkeule mit Okragemüse

Zutaten für 4-5 Personen

1½ kg Ziegenkeule

4-5 Frühlingszwiebeln

1-2 Stangen Lauch

1 afrikanischer
Maggi-Brühwürfel

Cayenne-Pfeffer

Gewürzmischung
Kräuter der Provence

Scharfe Chili-Soße

1 kg Okraschoten

Salz

Beilage

ungesüßter Grießbrei
oder Fufu

Das Fleisch vom Knochen ablösen, würfeln und rundherum anbraten. Die Frühlingszwiebeln und den frischen und saftigen Teil des Lauchs klein schneiden und im Fleischtopf kurz mit andünsten. Das Ganze mit Wasser auffüllen, Brühwürfel (➤ S. 47) einrühren und Salz, Cayenne-Pfeffer, die Kräutermischung und die scharfe Chili-Soße nach Geschmack zugeben. Den Knochen mit auskochen.

Die Stiele der Okraschoten (➤ S. 70) entfernen, die Schoten in 2 cm lange Teile zerschneiden und nach 40 Minuten in den Fleischtopf geben. Nach weiteren 20 Minuten sind die Okra und das Ziegenfleisch gar. Von dem im rohen Zustand noch etwas strengen Geruch ist nichts mehr festzustellen; das Fleisch ist zart und angenehm würzig. Ungesüßter Grießbrei oder Fufu (➤ S. 53) sind die typischen Beilagen zu diesem Gericht.

Auf diese Weise bereitet der weitge-
reiste Afrikakenner Pierre Ngakoutou,
lange Jahre tätig als Entwicklungshelfer
im eigenen Kontinent, das Gericht zu. Der
ursprünglich aus dem Tschad stammende
Pierre Ngakoutou studierte und promo-
vierte an der Georg-August-Universität
in Göttingen. In seinem Fachgebiet, der
Landwirtschaftsbiologie, arbeitete er viele
Jahre für die Gesellschaft für Technische
Zusammenarbeit (GTZ) in Eschborn. Es
war eine Arbeit, in der er sein erworbenes
Wissen der Landwirtschaft Afrikas zur Verfügung stellen konnte. Seit 2004 ist er freiberuflich für
Hilfsprojekte für Osteuropa tätig. »Leider sind seit der EU-Osterweiterung die Mittel für Projekte in
Afrika immer weiter zurückgefahren worden«, bedauert er und erzählt von Erfolgen und Niederla-
gen während der Arbeit für seinen Kontinent.

Das Schwierigste sei nicht die Durchsetzung bestimmter Produktionsmethoden, erklärt er, mit
den Fachleuten dort könne man solche Dinge allemal gut besprechen. Die wirklichen Schwierigkeiten bestehen eher im privaten, häuslichen Bereich: Hygienemaßnahmen beim Gebrauch von
Wasser, zum Beispiel die Entkeimung durch Abkochen. Besonders in den ländlichen Gebieten ist
dafür oft keine Einsicht vorhanden. Oder die Entwicklungshelfer werden nicht ernst genommen.
»Was wollt ihr uns erzählen? Ihr kommt in euren klimatisierten Autos und fahrt nach ein paar
Stunden wieder in eure klimatisierten, vornehmen Hotels zurück. Doch wir leben hier schon immer«, hatte ihm eine alte Frau in Mosambik vorgeworfen. Seitdem bevorzugte Ngakoutou, wann
immer möglich, längere Aufenthalte in den Dörfern. »Das verbessert den Kontakt zu den Leuten
und erhöht unsere Akzeptanz.«

Ochsenschwanz
mit Taro und Bobolo

Zutaten für 4-6 Personen

8-10 Taroknollen
1 große Gemüsezwiebel
1 Bund Petersilie
½ Knollensellerie
1 kg Ochsenschwanz
1 kg Bobolo
30 g Tomatenmark
1 EL Senf
Salz und Pfeffer

Die Taros (➤ S. 75) in ausreichend kaltem Wasser auf den Herd setzen, zum Kochen bringen und in ca. 30 Minuten so weich wie Kartoffeln kochen.

In der Zwischenzeit Zwiebel und Petersilie klein schneiden und den Sellerie würfeln. Alles gemeinsam mit dem Ochsenschwanz in einen Topf legen und gut mit Wasser bedecken. Den Ochsenschwanz sollte man bereits vom Metzger in kleinere Stücke zerteilen lassen. Den Topf auf großer Hitze zum Kochen bringen, Tomatenmark und Senf einrühren und dann auf mittlerer Hitze das Fleisch 2-2½ Stunden weich kochen. Dabei soll die Soße auf ein Drittel einkochen. Eventuell Wasser in kleinen Mengen nachfüllen. Salzen und Pfeffern nach Geschmack.

Die weich gekochten Taros schälen und die in Bananenblättern portionsweise eingewickelten Bobolo (➤ S. 75) kurz aufkochen. Beides zusammen mit den Ochsenschwanzstücken und der dicken Soße servieren.

Bobolo

Gestampfter, fermentierter Maniok (➤ S. 89) eingerollt in Bananenblätter ist eine beliebte Beilage in den Ländern Zentralafrikas. Bobolo ist tiefgefroren problemlos in vielen Afrika-Shops erhältlich. Die Zubereitung erfordert in dem Fall nur ein kurzes Aufkochen.

Bobolo

Taro

Taro

Taro, auch bekannt als Wasserbrotwurzel, ist eine 5-10 cm große, runde Knolle, die am Wurzelgeflecht kurz unter der Erdoberfläche wächst. Taro enthält einen hohen Anteil Vitamin C und Provitamin A. Roh sind die Knollen jedoch ungenießbar, und Blätter und Stängel sind sogar giftig. Die Knollen sollten heiß gegessen werden, da sie beim Abkühlen immer fester werden. Ihr Geschmack ähnelt einer Mischung aus Kartoffel und Esskastanie.

Taro wurde vermutlich bereits vor 7000 Jahren auf der Malaischen Halbinsel kultiviert, wird aber heute in allen tropischen und subtropischen Zonen der Erde angebaut. Dort ist es ein bedeutendes Grundnahrungsmittel. Mehr als 80% der Anbauflächen befinden sich in Afrika.

Dohg Dohg Doum –
Kaninchen im Backofen

Zutaten für 6 Personen

8 Karotten
8 sehr große Kartoffeln
1 Kaninchen, ca. 1½ kg
1 gelbe Gemüsepaprika
1 rote Gemüsepaprika
1 grüne Gemüsepaprika
8 Tomaten
1 Bund Petersilie
1 Bund Schnittlauch
1 mittelgroße Zwiebel
2 Zweige Thymian
2 Zweige Rosmarin
1 TL getrockneter Oregano
2 Lorbeerblätter
5 EL Sonnenblumenöl
Salz und Pfeffer

Karotten schälen, in ca. 3 cm lange Stücke schneiden und mit den geschälten und längs halbierten Kartoffeln und etwas Öl in eine große Auflaufform legen. Salzen, pfeffern und gut durchmischen. Das Kaninchen sollte man ausgenommen und küchenfertig kaufen. Man muss es dann nur noch gründlich waschen, salzen und pfeffern und, falls es zu groß ist, einmal in der Mitte durchschneiden. Das Kaninchen oben auf die Kartoffeln und Möhren in die Auflaufform legen und alles mit Alufolie verschließen. Für 1 Stunde bei 200°C in den Backofen schieben.

In der Zwischenzeit Paprika, Tomaten, Petersilie, Schnittlauch und Zwiebel klein schneiden und mit etwas Wasser in einen Topf legen. Thymian, Rosmarin, Oregano und die Lorbeerblätter dazu geben, salzen und pfeffern, gut durchmischen und alles 20 Minuten kochen.

Sobald die Auflaufform mit dem Kaninchen 1 Stunde im Ofen war, die Alufolie entfernen und das Gemüse dazugeben. Alles nochmal ohne die Alufolienabdeckung in den Backofen stellen. Eventuell etwas Wasser auffüllen. Nach 20-30 Minuten hat das Kaninchen eine schöne braune Farbe und kann serviert werden.

Gaba Amos Akimos, 1949 im Tschad geboren, kam 1968 zum Studium der Elektrotechnik nach Deutschland. 1975 Zusatzstudium als Medizintechniker. Anschließend beruflich als Medizintechniker tätig. Zweimal verheiratet, drei Kinder mit seiner ersten, zwei Kinder mit seiner zweiten Frau. Im Tschad wurde er als Junge von den Frauen aus der Küche verbannt. Doch als Student in Deutschland genügte ihm das Mensaessen nicht; er begann sich der Gerichte seiner Heimat zu erinnern und sie mit Begeisterung zu kochen. Und dabei ist es bis heute geblieben, wie die von ihm zusammengestellten Rezepte S. 74-79 beweisen.

Kindja –
Reishühnchen mit Kräutern

Zutaten für 4 Personen

800 g Reis
½ Bund Petersilie
½ Bund Dill
1 TL Kümmel
1 großes Brathähnchen,
ca. 1 ⅓ kg
1 EL Maggi Hackbratensoße
1 EL Maggi Paprika-
Rahmschnitzelsoße
Salz

Zutaten für die Soße

½ Bund Petersilie
½ Bund Dill
3 große Tomaten
1 große Zwiebel
2 Frühlingszwiebeln

Reis waschen und 10 Minuten im heißen Wasser weichen lassen und anschließend das Wasser abgießen. Backofen auf 200°C vorheizen. Kräuter fein pürieren und mit dem Kümmel unter den Reis mischen. Mit dieser Mischung das Hähnchen füllen. Die Haut des Hähnchens befeuchten und die Reismischung auch außen an das Hähnchen »kleben«. Die beiden Sorten Maggi-Soßenpulver von allen Seiten außen über das Hähnchen streuen. Vorsichtig salzen; das Soßenpulver enthält bereits Salz! Hähnchen in Alufolie wickeln und für 70 Minuten in den Backofen schieben.

Für die Soße Petersilie, Dill, Tomaten, Zwiebel und Frühlingszwiebeln klein schneiden und mit etwas Wasser einige Minuten kochen. Am Ende alles leicht pürieren.

Das Hähnchen in Flügel und Keulen zerschneiden, mit dem Reis servieren und die Soße darüber gießen.

Ndah –
Fisch mit Süßkartoffeln

Süßkartoffeln (➢ S. 125) längs vierteln und ca. 7 Minuten vorkochen. Fischfilets portionsweise auf Alufolie legen, Kräuter und Gewürze darüber geben, Süßkartoffelstücke darauf legen und die Portionen mit der Alufolie gut verschließen. Die Päckchen für 1 Stunde bei 200°C im Backofen garen. Als Beilage eignen sich sowohl Fufu (➢ S. 53) als auch Reis.

Zutaten für 4 Personen

3 Süßkartoffeln
4 Zanderfilets, je ca. 150g
1 TL getrockneter Thymian
1 TL getrockneter Rosmarin
1 TL getrockneter Salbei
1 TL Paprikapulver

Beilage

Fufu oder Reis

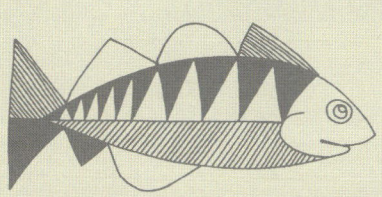

Der Augenarzt Dr. Michael Kimbi Mangeh aus Douala in Kamerun arbeitet von Frankfurt am Main aus am Aufbau einer Augenklinik in seinem Heimatland. Mit der Öffentlichkeitsarbeit im Rahmen seines Vereins Wimbum e. V. sammelt er nicht nur Geld für dieses Projekt. »Von Augenärzten aus Deutschland konnten wir schon einige gebrauchte, aber funktionsfähige medizinische und optische Geräte für unsere Klinik erhalten.« Dann fährt er fort: »Insbesondere mangelndes hygienisches Bewusstsein und fehlende sanitäre Einrichtungen sind Ursache der vielfältigsten Augenerkrankungen in meiner Heimat.« Er erzählt von dem schon Erreichten: »Einer meiner Kollegen ist bereits in einer einfachen Praxis vor Ort tätig. Er kann sogar manche Behandlungen bei den Familien in den Dörfern vornehmen. Oft ermöglichen geheilte Augen den Erhalt oder die Wiederherstellung einer Arbeitskraft, nicht selten des einzigen Ernährers einer Familie.«

Bohnenpüree
in Bananenblättern

Die schwarzen Bohnen am Tag zuvor in reichlich Wasser einweichen. Die Schalen kann man bequem mit einer Bohnenschälmaschine entfernen. Eventuelle Schalenreste sollte man anschließend mit der Hand auslesen. Mit Hilfe eines Pürierstabes die Bohnen pürieren. Das Püree durch schnelles Schlagen im Mörser etwas aufschäumen. Dann die klein gehackten Frühlingszwiebeln, das Palmöl (➢ S. 148), Salz nach Geschmack und den Brühwürfel (➢ S. 47) unterrühren.

Um den Brei in die Bananenblätter einwickeln zu können, sind diese noch zu hart und würden ohne vorherige Behandlung brechen. Deshalb erwärmt man die Blätter vorsichtig über einer Gasflamme oder direkt auf der Platte eines E-Herdes. Aber Vorsicht: Die Blätter sollen grün bleiben und keinesfalls ankohlen! Nach gleichmäßiger, nicht zu knapper Erwärmung sollten die Blätter weich und biegsam sein. Jetzt mit einem Löffel den Bohnenbrei auf die vier Blätter schaufeln und diese dann wie einen Sack oben zusammenbinden (➢ Foto S. 80). Falls das nicht so richtig gelingen will, die Blätter vorsichtig in eine passende Schüssel legen. So werden sie in der richtigen Form gehalten und lassen sich leichter befüllen und zusammenbinden.

Die Pakete nun auf kleiner Hitze in leicht gesalzenem Wasser kochen. Nach 30 Minuten die halbierten Kochbananen (➢ S. 83) dazugeben und nach weiteren 30 Minuten aus dem Wasser nehmen. Pakete auf große Teller verteilen, oben aufschneiden, Blätter öffnen und rundherum die Bananen legen.

Zutaten für 4 Personen

600 g schwarze Bohnen

3 Frühlingszwiebeln

125 ml Palmöl

1 afrikanischer Maggi-Brühwürfel

4 große Bananenblätter, erhältlich auch in Asia-Shops

4 Kochbananen

Salz

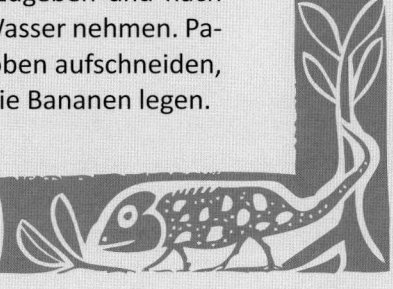

Lammkeule mit Kochbananen

Lammfleisch in kleine Würfel schneiden und rundherum anbraten. Zwiebeln und Knoblauchzehen klein hacken und dann gemeinsam mit der geschnittenen Sellerieknolle, den zerkleinerten Tomaten und dem klein geschnittenen Fenchel dem bratenden Fleisch beifügen. Mit Wasser auffüllen, bis alles gut bedeckt ist. Sobald das Wasser kocht, die Hitze verringern und ca. 1½ Stunden leicht köcheln lassen. Wenn das Fleisch weich ist, alles mit Salz und Pfeffer abschmecken und das geschnittene Basilikum zugeben.

Die gelben Kochbananen (➤ unten) in Scheiben schneiden. Bevor die grünen Kochbananen an der Reihe sind, ist es ratsam, die Finger mit etwas Öl einzureiben. Das verhindert, dass der klebrige Saft an den Fingern haften bleibt. Dann die Bananen leicht salzen und in rotem Palmöl (➤ S. 148) goldbraun frittieren.

Die Kochbananen kann man nun entweder in den Fleischtopf geben und alles gut durchmischen oder separat auf dem Teller neben dem Fleisch platzieren.

Da Kochbananen stark sättigen, ist eine weitere Beilage nicht erforderlich.

Zutaten für 4 Personen

1 kg Lammkeule
1 Zwiebel
2 Knoblauchzehen
1 Sellerieknolle
2 Tomaten
½ Fenchelknolle
1 Bund Basilikum
2 gelbe Kochbananen
2 grüne Kochbananen
Palmöl
Salz und Pfeffer

   Kochbananen

Vor 200 Jahren wurde die Banane aus Südostasien nach Afrika eingeführt. Heute wird in Afrika ca. ein Drittel der Weltproduktion erzeugt. Kochbananen sind aus einer Kreuzung zwischen Obstbananen und samenhaltigen Bananen entstanden. Sie werden bis zu 50 cm lang, haben eine grüne, gelbe oder, wenn sie älter sind, auch braune Schale und werden, auch wenn sie reif sind, nicht besonders süß. Sie sind sehr stärkehaltig und werden nicht roh gegessen. Kochbananen können nicht nur gekocht, sondern auch gebraten, frittiert oder gebacken werden. Sie werden fast überall in Afrika angebaut und bilden häufig die Hauptbeilage einer Speise.

Maniok
mit Fisch und Soße aus Palmfruchtmus

Zutaten für 4 Personen

800 g Pangasius-Filets
1 große Zwiebel
1 Chilischote
1 afrikanischer Maggi-Brühwürfel
200 g Palmnuss-Püree
1 Handvoll Marokkanische Minze
5 Zweige Basilikum
5 Zweige Petersilie
1 kg Maniokwurzeln
Salz und Pfeffer

Die Fischfilets waschen und mit der klein geschnittenen Zwiebel und etwas Salz 5 Minuten in etwas Wasser dünsten lassen. Jetzt die Chilischote klein schneiden und mit dem zerdrückten Brühwürfel (➤ S. 47) und dem Palmnuss-Püree vorsichtig den Fischfilets hinzufügen. Alles zusammen weitere 10 Minuten bei kleiner Flamme kochen. Wenn das Gericht vom Feuer genommen wurde, die Minze, das Basilikum und die Petersilie klein gehackt dazu geben. Salzen und pfeffern nach Geschmack.

Den Maniok nach dem Waschen und Schälen halbieren und die harte, ungenießbare Mittelvene herausschneiden (➤ S. 89). Die beiden Hälften in ca. 5 cm lange Stücke schneiden, in ca. 20 Minuten weich kochen und als Beilage servieren. Um die Bildung von giftigem Linamarin zu unterbinden, darf die Kochzeit nicht unterschritten werden.

Nachdem Caliste Ebenye-Stula in ihren Frankfurter Restaurants Sawa Village und Mboa-Su der afrikanischen Küche zu steigender Beliebtheit verhalf, widmet sie sich heute drängenden sozialen Themen. Mit ihrem Offenbacher Verein Mbota-Afrika (dt. Wurzel Afrika) versucht sie, Wohlbefinden und Lebensfreude sozial benachteiligter, in Deutschland geborener Kinder afrikanischer Eltern zu verbessern. Ihr Anliegen ist es, den Kindern eine Brücke zwischen dem afrikanischen Lebensstil in ihren Familien und ihrer deutschen Umwelt zu bauen, damit sie sich so besser in beiden Kulturen zurechtfinden. Aus Einnahmen des vom Verein betriebenen Partyservice oder organisierter Kultur-Events werden Aktivitäten der Kinder, z. B. Ausflüge oder Museumsbesuche, finanziert.

Gemischter Fitnesssalat

Alle Zutaten klein schneiden, eventuell vorher schälen oder waschen. Zur Zubereitung der Salatsoße die Gemüsebrühe sorgfältig mit den anderen Zutaten verrühren. Den Salat mit der Salatsoße übergießen und servieren.

Zutaten für 6 Personen

500 g Feldsalat
5 Tomaten
1 rote Paprika
6 rohe Champignons
1 Avocado
2 Karotten
4 Feigen
1 große Zwiebel
3 Knoblauchzehen
300 g Kidneybohnen
300 g Gemüsemais

1 Handvoll gehackte Walnusskerne

3 EL Rosinen
3 EL Sonnenblumenkerne
3 EL süße Mandeln
3 EL Kürbiskerne
3 Haselnüsse

Zutaten für die Salatsoße

Saft einer Zitrone
125 ml Olivenöl
125 ml Branntweinessig
2 EL klare Gemüsebrühe

Bunter Obstsalat

Alle Zutaten klein schneiden und eventuell schälen oder waschen. Gut vermischen, 1 Stunde kalt stellen und fertig.

Zutaten für 6 Personen

½ Ananas
1 Karotte
1 Banane
½ Mango
2 EL Mais
2 EL Kidneybohnen
3 EL Sonnenblumenkerne
1 EL süße Mandeln

1 EL Rosinen
1 EL Haselnüsse
1 Pampelmuse
2 EL Walnüsse
Saft einer Zitrone
1 Apfel
1 Orange

Obstsaft

Zutaten schälen und im Mixer zerkleinern. Da das einen ziemlich dicken, fast breiigen Saft ergibt, kann man das Konzentrat nach Belieben mit Wasser und mit Eiswürfeln auffüllen.

Zutaten

½ Mango
2 Karotten
1 Banane

Gegrilltes Ziegenfleisch
mit Bitekuteku-Gemüse

Zutaten für 4-6 Personen

1½ kg Ziegenfleisch
(Rücken oder Keule)

1 Bund Petersilie

1 TL Muskat

400 g Bitekuteku-Blätter
oder ersatzweise Spinat

2 mittelgroße Zwiebeln

½ Zucchini

5 Kochbananen

2 Pili Pili-Schoten

1 EL Balsamico-Essig

Olivenöl

Pflanzenöl

Salz und Pfeffer

Beilagen

Frittierte Kochbananen
und evtl. Kuanga (Maniokbrei)

Das Fleisch in 1,5 cm dicke Scheiben schneiden und mindestens 3 Stunden in gehackter Petersilie, Muskat und Olivenöl einlegen. Direkt vor dem Grillen das Öl abtropfen lassen und zum Schluss noch leicht salzen und pfeffern.

Das Bitekuteku (➤ unten) von den dicken Stängeln trennen und grob schneiden. Dann mit einer fein gehackten Zwiebel und der klein geschnittenen Zucchini ca. 30 Minuten auf kleiner Flamme garen. Nach Geschmack salzen.

Die Kochbananen (➤ S. 83) in 1 cm dicken Scheiben in Pflanzenöl goldbraun frittieren.

Der Pili Pili-Mix ist eine extrem scharfe Chilisoße. Die runden roten Pili Pili-Schoten zusammen mit einer Zwiebel pürieren und mit Salz und 1 El Balsamico-Essig verrühren. Vorsicht: Das ergibt eine scharfe Soße, deren Genuss einen Schweißausbruch zur Folge haben kann.

Auch Kuanga, fermentierter Maniokbrei (➤ S. 89) in Bananenblätter eingewickelt, die kongolesische Variante des Bobolo (➤ S. 75) aus dem Tschad, eignet sich neben den Kochbananen als Beilage.

Freddy L. säte den aus seinem Heimatland Kongo mitgebrachten Samen im Garten in Deutschland aus und hatte damit Erfolg. So konnte er im Frühsommer die grünen Gemüseblätter ernten.

   Bitekuteku

Bitekuteku gehört der weltweit verbreiteten Amaranthus-Familie mit ca. 60-70 Unterarten an. Die Amaranthpflanzen zählen zu den ältesten Kulturpflanzen der Menschheit. Ihre Samen wurden schon in 9000 Jahre alten Mayagräbern gefunden. Amaranth ist ein äußerst robustes Pseudogetreide. Es ist glutenfrei und sehr bekömmlich. In Mittel- und Südamerika werden die proteinhaltigen Samen oft anderen Getreidekörnern zur Weiterverarbeitung (zu Backwaren oder zur Salatzugabe) beigemischt. In Zentral- und Südafrika ergibt das Zusammenkochen der Blätter mit Tomaten, Zwiebeln und Paprika eine herzhafte Gemüsebeilage, die zu Fisch und Fleisch serviert wird. Die Blätter der Jungpflanzen werden auch direkt zur Salatzubereitung verwendet.

Manioksticks

Zutaten für 4 Personen

1-2 mittelgroße
Maniokwurzeln

Beilage

Dip

Maniok (➢ S. 89) in fingergroße Stäbe schneiden. Dann ca. 20 Minuten in Salzwasser kochen. Am besten mit einem würzigen Dip (zum Beispiel dem Tomatendip des Frühlinsrollenrezeptes aus Madagaskar, S. 136) verspeisen. Wer es knackiger mag, kann die Sticks auch nach einer etwas kürzeren Garzeit frittieren.

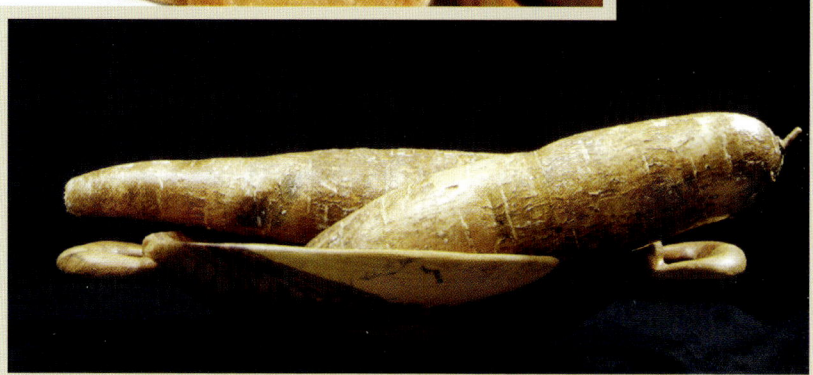

Maniok schälen

   Maniok oder Cassava

Maniok, auch unter dem englischen Namen Cassava oder dem spanisch-indianischen Kassawa geläufig, wurde ursprünglich aus dem tropischen Teil Amerikas von portugiesischen Seefahrern nach Afrika exportiert. Maniok rangiert heute an sechster Stelle unter den Nahrungsmitteln der Welt. 30-60 cm lang und bis zu 10 kg schwer kann diese stärke- und mineralstoffhaltige Wurzel werden. Handelsüblich in Afrika-Shops sind ungefähr 1 kg schwere Knollen. Das in der Knolle enthaltene Linamarin setzt bei Kontakt mit Enzymen hungriger Tiere oder Menschen Blausäure frei. Um die Bildung dieses Giftes zu verhindern, muss die Knolle unbedingt gründlich (ca. 20 Minuten) gekocht werden. In Geschmack und Konsistenz ähnelt Maniok dann einer Kartoffel.

Ziegenfleisch-Brochettes

Zutaten für 4 Personen

1-3 Knoblauchzehen
1 TL scharfer Senf
1 TL Cayennepfeffer
1 TL Basilikum
1 TL Majoran
1-1½ kg Ziegenkeule
125 ml Pflanzenöl
Salz und Pfeffer

Beilage

Baguette und Salat

Pflanzenöl, gehackten Knoblauch und die anderen Zutaten zu einer Marinade verrühren. Das Ziegenfleisch würfeln, in die Marinade einlegen und über Nacht im Kühlschrank stehen lassen.

Bevor die Fleischstücke am nächsten Tag aufgespießt werden, sollte die Marinade etwas abtropfen. Dann in der Pfanne oder auf dem Grill 10-15 Minuten bei moderater Hitze braten.

Mit frischem Baguette und frischem Salat – ein Genuss.

   Ziege

Seit ca. 10000 Jahren hält der Mensch Ziegen als Haustiere. Vermutlich waren es die Bewohner des östlichen Mittelmeerraumes, die begannen Wildziegen zu domestizieren. Da Ziegen sehr genügsame Tiere sind, die selbst das geringste Futterangebot maximal ausnutzen, sind sie auch besonders geeignete Haustiere für das Leben in spärlich bewachsenen Wüstenrandgebieten. Dort, aber auch in weiten Teilen des übrigen Afrika und sogar in Südeuropa ist die Ziege seit Jahrtausenden unverzichtbare Nahrungsquelle. Nomaden der Sahelzone leben oft überwiegend von Ziegen. Sie trinken ihre Milch, ernähren sich von Quark und Käse, manchmal auch von Ziegenfleisch. Das aber nur bei besonderen Anlässen. Denn oft wird der Aufwand zur Aufzucht einer Ziege als zu groß erachtet, um sie dann selbst zu verspeisen. Meist wird sie verkauft oder auf den regionalen Märkten gegen Waren eingetauscht, welche die Nomaden nicht selbst herstellen können.

Da sich Ziegen von dem kompletten zur Verfügung stehenden Kräutermix der jeweiligen Region ernähren, ist ihr Fleisch sehr aromatisch.

Bis zur ersten Hälfte des 20. Jahrhunderts hatten Ziegen auch in Deutschland eine größere Bedeutung, kamen dann jedoch über längere Zeit aus der Mode. Aber seit einigen Jahren wird ihr Fleisch zunehmend wiederentdeckt. Keulen und Rücken bieten hervorragende Bratenstücke und die Koteletts und Rippen eignen sich perfekt für den Grill.

Enyama n'enva endierrwa – Rinderrippchen mit Auberginengemüse

Die Rinderrippchen vom Metzger quer auf eine Länge von 6-8 cm schneiden lassen, gründlich waschen und in einen vorgeheizten Topf legen. Es kommt kein Öl in den Topf – was für ein afrikanisches Rezept eine Besonderheit darstellt! Das Fleisch sollte, gleich nach dem Waschen, genügend Wasser enthalten, um nicht anzubrennen. Andernfalls etwas Wasser nachgießen, so dass der Boden bedeckt ist. Das Fleisch salzen und die Hitze klein stellen. Deckel drauf und köcheln lassen. Ab und zu die Fleischstücke umschichten und bei Bedarf geringe Mengen Wasser nachgießen. Nach ca. 30 Minuten die gehackte Zwiebel, die zerkleinerte Knoblauchzehe und die geschnittene Karotte dazugeben, Curry drüberstreuen und gut mischen. Die Menge des Currys hängt von seiner Geschmacksintensität ab. Entweder man verwendet ein Pulver, das man schon kennt, oder man experimentiert ein wenig. Das aber, bitte, vorsichtig.

Sobald das Wasser im Topf vollständig verdunstet ist, ca. 5-10 Minuten kräftig rühren. Das Fleisch soll ohne zusätzliches Öl allein im eigenen Fett an-

Zutaten für 4 Personen

1½ kg Rinderrippchen
1 Zwiebel
1 Karotte
Curry
2 Bund Petersilie
2 Bund Koriander
2 Bund Frühlingszwiebeln
Salz

Für das Auberginengemüse

1 Zwiebel
1 Aubergine
1 Tomate
Curry
1 Knoblauchzehe
Pflanzenöl
Salz

Beilage

Reis oder grüne Kochbanane, Erdnusssoße

gebraten werden. Dazu muss man pausenlos rühren und zügig umschichten. Andernfalls wird das Fleisch mit Sicherheit anbrennen. Wenn alle Rippchenstücke braun angebraten sind, wird soviel kochendes Wasser dazugegossen, bis das Fleisch zu zwei Dritteln in der Flüssigkeit untergetaucht ist. Dann das Rindfleisch zugedeckt ca. 1-1½ Stunden auf kleiner Hitze weich kochen. Kurz vor Schluss die gehackten Kräuter und Frühlingszwiebeln dazugeben und mit Salz abschmecken.

Auberginengemüse: Die gehackte Zwiebel in 2 EL Pflanzenöl glasig braten. Aubergine und Tomate würfeln und zu der Zwiebel geben. Salz und Curry nach Geschmack hinzufügen. Eventuell noch etwas Wasser zugeben und kochen, bis die Aubergine weich ist (ca. 15 Minuten).

Zu diesem Gericht passt sehr gut Erdnusssoße (➤ S. 93) und als Beilage Reis oder grüne Kochbanane (➤ S. 83).

Erdnusssoße

Die beiden Hauptverfahren zur Herstellung von Erdnusssoße unterscheiden sich dahingehend, ob man Erdnussbutter, Erdnusscreme bzw. Erdnusspaste mit Öl oder aber gestampfte Erdnüsse mit Wasser mischt.

Bei Ersterem macht Öl die Masse homogen und streichfähig. Verwendet man gestampfte Erdnüsse, muss man selbst für Homogenität und Streichfähigkeit sorgen. Das geschieht am Besten mit lauwarmem Wasser und sehr viel Rühren.

Für beide Varianten hier je ein Rezeptbeispiel:

Variante 1: Sonnenblumenöl in die Erdnussbutter einrühren, Salz und Zucker zugeben und rühren, bis alles eine gleichmäßige Masse ergibt.

Variante 2: Die zerstampften Erdnüsse mit den Fingern in eine Schüssel mit 200 ml lauwarmem Wasser zerkrümeln und mit einem Schneebesen einrühren. Danach 100 ml Wasser in einen Topf geben, zum Kochen bringen und dann mit einem Holzlöffel langsam die Erdnussmixtur einrühren. Unter häufigem Rühren 45 Minuten auf kleinster Hitze köcheln lassen. Eventuell zwischendurch Wasser nachgießen. Die Homogenität der Soße erreicht man durch ausdauerndes und gleichmäßiges Rühren. Nach Geschmack salzen.

Zutaten für ca. 500 ml

Variante 1

400 g Erdnussbutter /
Erdnusscreme
100 ml Sonnenblumenöl
½ TL Salz
1 TL Zucker

Variante 2

300 g gestampfte Erdnüsse
Salz

   Erdnüsse

Die Erdnuss zählt nicht zur Familie der Nüsse, sondern zu den Hülsenfrüchten. Somit ist sie eine der wenigen Hülsenfrüchte, die man auch roh essen kann. Schon vor mehr als 7000 Jahren wurden Erdnüsse in Südamerika angebaut. Die europäischen Seefahrer brachten sie vor rund 500 Jahren über Europa auch nach Afrika. Erdnüsse spielten eine große Rolle bei der Verpflegung der Sklaven auf den langen Überfahrten nach Amerika. Früher nannte man in Deutschland die Erdnüsse noch Kameruner: Deutschland importierte seine Erdnüsse damals wohl hauptsächlich aus seiner Kolonie Kamerun.

Heute gehört Senegal zu den größten Erdnusslieferanten der Welt. Auch das benachbarte Gambia bezieht einen bedeutenden Teil seiner Deviseneinkünfte aus dem Export von Erdnüssen. Doch Erdnüsse werden auch in vielen anderen Ländern Afrikas angebaut und vermarktet.

Äthiopische gemischte Platte

Die folgenden Gerichte sind Bestandteil einer gemischten Platte, können aber auch in unterschiedlichen Kombinationen oder einzeln serviert werden. Alle Mengenangaben sind auf eine einzelne Vorspeise für 4 Personen bezogen. Soll, wie auf dem Foto (➤ S. 96), eine Platte mit allen Gerichten zubereitet werden, müssen die Mengen der einzelnen Gerichte angepasst, also reduziert werden. Empfohlen wird jeweils die Hälfte der angegebenen Mengen. Als Beilage empfiehlt sich das äthiopisch/eritreische Fladenbrot Injera (➤ S. 105).

Die gemischte Platte stammt von Daniel Mulugeta und Samuel Gugsa-Aragaw, die im Frankfurter Nordend das äthiopische Spezialitätenrestaurant »Demera« betreiben (➤ S. 15). Die beiden lernten sich vor Jahren bei der Arbeit auf dem Rhein-Main-Flughafen kennen. Gemeinsam entwickelten sie das Projekt »Demera« und eröffneten 2012 ihr Restaurant. Demara ist der Name des traditionellen Feuers zum Meskel-Fest der äthiopisch-orthodoxen Kirche. Dieser Feiertag wird jährlich zum Gedenken an die Königin Helena, die heilige Helena, begangen.

Gomen – Grünkohl mit Zwiebel

Frischer Grünkohl ist nur im Winter erhältlich und muss geputzt, geschnitten und in Salzwasser gekocht werden. Die harte Mittelrippe und sehr feste Seitenrippen beim Vorbereiten entfernen. In der restlichen Zeit des Jahres kann man auf fertig zubereiteten Grünkohl aus dem Glas zurückgreifen.

1 Zwiebel
500 g Grünkohl
3 EL Sonnenblumenöl
Salz

Zwiebel klein hacken und im Öl glasig braten. Den vorgekochten Grünkohl nach und nach in die Pfanne geben. Unter häufigem Rühren alles ca. 10 Minuten braten. Nach Geschmack salzen.

Gelbe Linsen mit Kurkuma

½ Zwiebel
100 g gelbe Linsen
1 TL Kurkuma
2 EL Sonnenblumenöl
Salz

Zwiebel klein hacken und im Öl glasig braten. Linsen gründlich waschen und dazugeben. Zusätzliches Wasser sollte direkt nach dem Waschen nicht nötig sein. Kurkuma (➤ S. 115) gleichmäßig unterrühren und die Linsen auf kleiner Hitze kochen, bis das Wasser verdunstet ist. Das sollte ca. 15-20 Minuten dauern. Dabei immer wieder rühren, damit nichts anbrennt. Dann ca. 250 ml Wasser zugeben und zugedeckt kochen lassen, bis die Linsen nach 15 Minuten weich sind. Wenn nötig, Wasser nachgießen und nach Geschmack salzen.

Tikel Gomen –
Weißkohl mit Kartoffel

Kartoffeln in Scheiben geschnitten in ca. 3 EL Öl anbraten und beiseite legen. Zwiebel klein schneiden und in 2 EL Öl glasig braten. Dann die Kartoffeln zurück in die Pfanne legen und den klein geschnittenen Weißkohl dazugeben. Salzen nach Geschmack. Kurkuma (➤ S. 115) unterrühren und zugedeckt auf kleiner Hitze schmoren, bis Kartoffeln und Weißkohl weich sind.

100 g festkochende Kartoffeln
½ Zwiebel
¼ kleiner Weißkohl
1 TL Kurkuma
5 EL Sonnenblumenöl
Salz

Kitfo –
Würziges Rinderhackfleisch,
roh, medium oder durch

Alle Zutaten gründlich miteinander verrühren. Die Kebe (➤ S. 99) zuvor erwärmen, damit sie sich besser untermischen lässt. Kitfo kann roh, medium oder durchgebraten serviert werden. Soll es roh serviert werden, darf die Kebe nicht zu heiß sein, sonst wird das Hackfleisch eventuell leicht angegart. Man kann das Kitfo aber auch medium oder durch braten. Da kein zusätzliches Öl verwendet wird, muss man gut rühren.

400 g Gehacktes vom Rind
2 TL Mitmita
2 TL Korarima
2 TL Kebe
½ TL Salz

Kitfo kann man mit den oben beschriebenen Gerichten Gomen oder Ayib servieren. Salzen nach Geschmack.

Mitmita ist eine äthiopische Gewürzmischung aus Kardamom (➤ S. 133), Cayennepfeffer, Ingwer (➤ S. 48) und anderen Gewürzen.

Korarima ist ein Gewürz aus der Ingwerfamilie und wird auch falsches Kardamom oder Äthiopisches Kardamom genannt. Korarima ist essentiell für die äthiopische und eritreische Küche.

Beide Gewürze sind hierzulande in ostafrikanischen Geschäften erhältlich.

Gelbe Linsen mit Berbere

½ Zwiebel
3 EL Berbere
100 g gelbe Linsen
3 EL Sonnenblumenöl
Salz

Zwiebel klein hacken und mit dem Berbere (➤ S. 110) im Öl glasig braten. Linsen gründlich waschen und dazugeben. Zusätzliches Wasser sollte direkt nach dem Waschen nicht nötig sein. Linsen auf kleiner Hitze kochen, bis das Wasser verdunstet ist. Das sollte ca. 15-20 Minuten dauern. Dabei immer wieder rühren, damit nichts anbrennt. Dann ca. 250 ml Wasser zugeben und zugedeckt kochen lassen, bis die Linsen nach 15 Minuten weich sind. Wenn nötig, Wasser nachgießen und nach Geschmack salzen.

Menchet Abech –
Rinderhackfleisch mit Zwiebel

Zwiebel klein schneiden und zusammen mit dem Berbere (➤ S. 110) im Öl leicht anbraten. Das Hackfleisch dazugeben, kurz anbraten und dann etwas Wasser untermischen und salzen. Auf kleiner Hitze 30 Minuten kochen und bei Bedarf ab und zu etwas Wasser dazugeben. 5 Minuten vor dem Ende die Kebe (➤ S. 99) unterrühren und fertig kochen.

Dieses Gericht wird auch in der Variante mit klein geschnittener Rinderoberschale, aber dann ohne Berbere zubereitet.

1 Zwiebel
2 TL Berbere
400 g Gehacktes vom Rind
2 EL Kebe
3-5 EL Sonnenblumenöl
Salz

Nech Tibs –
Mildes gebratenes Fleisch

Zwiebel klein hacken und im Öl glasig braten. Dann das mundgerecht gewürfelte Fleisch dazugeben, mit Liebstöckel-Gewürzsalz und Senf vermischen und braten, bis das Fleisch nach ca. 10 Minuten weich ist.

1 Zwiebel
400 g Rindfleisch aus der Oberschale
1 TL Liebstöckel-Gewürzsalz
2 TL Senf
3 EL Sonnenblumenöl

Fossoliya –
Karotten mit grünen Bohnen

Die Karotten und Bohnen längs teilen und in 3-4 cm lange Stücke schneiden. Nacheinander Karotten und Bohnen in 3 EL Öl anbraten, bis sie fast weich sind, und beiseite stellen. Dann die Zwiebel klein hacken und in etwas Öl glasig braten. Jetzt die Karotten und Bohnen zurück in die Pfanne geben, salzen und unter gelegentlichem Rühren zugedeckt fertig braten, bis sie weich sind; eventuell noch etwas Öl zugeben. Salzen nach Geschmack

100 g Karotten
100 g grüne Bohnen
½ Zwiebel
Sonnenblumenöl
Salz

Ayib –
Frischkäse mit Grünkohl

50 g Grünkohl
100 g Frischkäse, natur, sahnig
Salz und Pfeffer

Gekochten Grünkohl fein hacken und mit dem Frischkäse gleichmäßig verrühren. Salzen und pfeffern nach Geschmack.

Zilzil Tibs –
Gebratene Rindfleischstreifen

400 g Rindfleisch
aus der Oberschale
1 Zwiebel
½ grüner Gemüsepaprika
½ gelber Gemüsepaprika
1 TL Liebstöckel-Gewürzsalz
1 TL gemahlener
schwarzer Pfeffer
Sonnenblumenöl

Rindfleisch in unregelmäßige Streifen schneiden und in leicht eingeölter Pfanne unter häufigem Bewegen von allen Seiten anbraten. Zwiebel und Gemüsepaprika in Scheiben schneiden und alles zusammen fertig braten. Bei Bedarf geringe Mengen Sonnenblumenöl dazugießen. Mit Liebstöckel-Gewürzsalz und Pfeffer würzen

Zilzil Tibs

Kebe –
Geklärte Butter mit Kräutern und Gewürzen

Kebe ist Grundelement vieler äthiopischer und eritreischer Rezepte. In Eritrea nennt man die Buttermischung Tesmi. Sie besteht aus geklärter Butter mit verschiedenen Gewürzen.

Geklärte Butter, auch eingesottene Butter oder Butterschmalz genannt, ist Butter, der durch Erhitzen das Wasser und das Milcheiweiß entzogen wurde. Dazu muss man die Butter vorsichtig erhitzen und 30-45 Minuten im flüssigen Zustand halten. Keinesfalls darf sie kochen oder braun werden. In dieser Zeit verdampft der größte Teil des Wassers und das Eiweiß gerinnt und setzt sich in dem auf der Butter entstehenden Schaum und am Boden ab. Schaum ablöffeln und Butter vorsichtig ohne den Bodensatz abgießen. Eventuell ein Haarsieb verwenden. Durch die Klärung hat sich die Entzündungstemperatur der Butter auf über 200°C erhöht. Das heißt, sie brennt nicht mehr so leicht an. Man kann sie sogar zum Braten oder Frittieren verwenden.

Zwiebel, Ingwer (➤ S. 48) und die Knoblauchzehe fein hacken. Dann die geklärte Butter in einem Topf zum Kochen bringen und Zwiebel, Ingwer, Knoblauch und die Gewürze einrühren. Das Gewürz Koseret ist nur in wenigen Ostafrika-Shops erhältlich. Einen ähnlichen Geschmack kann man mit der doppelten Menge getrockneten Basilikums erzielen.

Das Ganze dann 30 Minuten auf kleinstmöglicher Hitze köcheln lassen.

Zutaten für 250 ml Kebe

250 g Butter
½ kleine Zwiebel
1 TL Ingwer
1 Knoblauchzehe
½ TL Zimt
½ TL getrocknetes Basilikum
½ TL Koseret,
falls kein Koseret erhältlich ist:
1 TL getrocknetes Basilikum
1 Prise geriebene Muskatnuss
1 Prise Kardamompulver
½ TL Kurkuma

Genfo –
Kräftiger Brei aus Äthiopien

Zutaten für 6 Personen

600 g geröstetes Weizenmehl
oder 600 g Roggenmehl oder
300 g Weizenmehl
und 300 g Maismehl

Kebe

Berbere

500 g weißer Joghurt

Salz

Der in Äthiopien als Genfo bekannte Mehlbrei wird in Eritrea unter dem Namen Géat auf die gleiche Weise zubereitet. Während in Ostafrika Teff-Mehl die Ausgangsbasis bildet, weicht man bei uns eher auf Weizenmehl, Roggenmehl oder eine Mischung aus Weizen- und Maismehl aus. Sowohl Roggen- als auch Weizenmehl müssen zuerst geröstet werden. Dazu wird das Mehl in einer Pfanne bei mittlerer Hitze unter ständigem Rühren leicht braun ange-röstet. Aber Vorsicht, selbst wenn das Mehl nur geringfügig anbrennt, ist es nicht mehr verwendbar. Kleine Klumpen, die sich beim Rösten gebildet haben, werden durch nachfolgendes Sieben der gesamten Mehlmenge beseitigt. 750 ml Wasser zum Kochen bringen, vorbereitetes Mehl und eine Prise Salz einrühren. Bei geschlossenem Deckel leicht kochen lassen und 250 ml Wasser nach und nach zugeben. Nach 20-30 Minuten sollte der Brei gar und dick wie Kartoffelpüree sein.

In der Zwischenzeit wird eine Schüssel mit flüssiger ostafrikanischer Gewürzbut-ter, genannt Kebe (➢ S. 99), eingefettet. In dieser Schale formt man nun das Genfo zu einem runden Kuchen mit einer Vertiefung in der Mitte, in die flüssige Kebe und ca. 1 EL Berbere (➢ S. 110) kommen. Die Vertiefung am äußeren Rand wird mit weißem Joghurt aufgefüllt. Kebe, Berbere und Joghurt kann man wäh-rend der Mahlzeit immer wieder nachfüllen. Essen sollte man diesen Brei mit den Fingern (➢ S. 57).

Tedj –
Äthiopischer Honigwein

Wilma Stordiau aus Frankfurt am Main stellt in ihrer Firma »Begena« Honigwein auf traditionelle äthiopische Art her und beliefert damit ausgewählte Restaurants und Einzelhändler im In- und Ausland. Geboren und aufgewachsen als Kind belgischer Eltern in Äthiopien, kam sie 1982 nach Frankfurt am Main. Erst hier realisierte sie ihre langjährige Idee der Honigweinherstellung. Prinzipiell wird statt Weintrauben Honig vergoren. Diesem werden getrocknete Zweige des Gesho-Strauches (afrikanischer Faulbaum) zur Unterstützung der Fermentation beigefügt. Dadurch unterscheidet sich Tedj, so das amharische Word für Honigwein, deutlich von europäischem Met. Wilma Stordiau experimentierte einige Jahre mit weiteren Zutaten, dem Gärungsprozess und Filtermethoden, bis sie in den Verkauf ging.

Inzwischen bietet sie drei verschiedene Sorten Tedj an: halbtrocken, süß und klar und naturtrüb. Unter Äthiopiern ist der süße naturtrübe am populärsten. Jedoch wurde Tedj bis zum Beginn des 20. Jahrhunderts ohnehin nur von den Reichen und Mächtigen getrunken. Diese aber bevorzugten den aufwendiger hergestellten klaren Honigwein. Tedj wird kalt getrunken am besten aus dem traditionellen, ca. 13 cm hohen Honigwein-Trinkgefäß Berele (siehe nebenstehende Abbildung).

Wilma Stordiau hat einige Cocktails auf der Basis ihrer Produkte kreiert. Ihre Empfehlung für die Leser und Leserinnen des Kochbuches:

Candance –
Schwarze Kriegerin

Kaffee (➢ S. 113f.) und Tedj ins Glas füllen, umrühren und Eiswürfel dazugeben. Peperoni ins Glas stellen. Mutige können die Schote vorher an einigen Stellen anstechen oder einschlitzen. Alternativ kandierten Ingwer (➢ S. 48) hineingeben.

Zutaten pro Glas

⅓ eisgekühlter starker Kaffee

⅔ süßer Tedj

1 Peperoni, grün oder rot, mittelscharf, oder 1-2 Stück kandierter Ingwer

Eiswürfel

Migranten aus den unterschiedlichsten Ländern Afrikas haben bei uns in den letzten Jahrzehnten Restaurants eröffnet. Häufig spezialisiert auf die Küche ihres Heimatlandes, zunehmend aber auch auf die Küche des afrikanischen Kontinents. Ghirmay Habton und seine Frau Yordanos verbinden zudem ihr Restaurant, das Kulinarisches aus Afrika anbietet, mit einem vielfältigen Kulturprogramm. Als Kultur-Restaurant »Savanne« im oberhessischen Lich angesiedelt, gehört eine große, überwiegend ländliche Region, aber auch die Universitätsstadt Gießen zum Einzugsgebiet. Die »Savanne« bietet zudem Catering für private wie geschäftlliche Anlässe an und ist auf Festivals und bei anderen Großereignissen wie dem Frankfurter Museumsuferfest oder dem Hessentag vertreten.

Ghirmay Habton, geboren 1958 in Asmara, damals noch Teil Äthiopiens, floh 1980 über den Sudan nach Deutschland. Seine Frau Yordanos lernte er 1990 in Deutschland kennen. Sie sind seit 1991 verheiratet und haben drei Kinder. 1998 gründeten sie das afrikanische Restaurant »Savanne« in Frankfurt-Höchst. 2006 zogen sie nach Lich und eröffneten dort die »Savanne«, zunächst angegliedert an das Kino Traumstern, seit 2012 in der Altstadt. So sehr ihr Blick längst über Eritrea hinausreicht, haben die Habtons hier Gerichte zusammengestellt, die sie mit ihrem Heimatland verbinden.

Schwarzkümmelbrot –
Feurig, würzig oder süß

Ingwer (➤ S. 48) fein hacken. Hefe mit Zucker und Salz in etwas lauwarmem Wasser auflösen. Dann mit Mehl und den anderen Zutaten vermischen. Schrittweise etwas Wasser zugeben und kneten, bis ein homogener, formbarer Teig entstanden ist. Abgedeckt ca. 1 Stunde an einem warmen Ort gehen lassen.

1 EL Öl in einer beschichteten Pfanne erhitzen, so verteilen, dass der gesamte Boden benetzt ist und das Öl danach entfernen. Ein Fünftel der Teigmenge gleichmäßig in der Pfanne verteilen, so dass ein Fladen entsteht. Ca. 25 Minuten abgedeckt auf kleiner Flamme backen. Umdrehen und weitere ca. 15 Minuten bei nicht mehr abgedeckter Pfanne fertig backen.

Rosinen müssen nicht unbedingt dem Teig zugefügt werden. Man kann auch mit anderen Zutaten wie Oliven, Rosmarin oder Chili experimentieren.

Zutaten für ein 4-Pfund-Brot

*1 TL Ingwerpulver
oder ein daumengroßes Stück Ingwer*

1 Würfel Hefe, 42g

2 EL Zucker

*1 kg Weizenmehl oder
1 kg Backmischung
»Mehrkornbrot«*

2 TL Schwarzkümmel

Saft von 1 Limette

*2 EL gelbe Rosinen,
alternativ: Oliven,
Rosmarin oder Chili*

Pflanzenöl

2 EL Salz

Injera –
Fladenbrot aus Eritrea und Äthiopien

Eine Besonderheit unter den unzähligen Varianten von Fladenbrot stellt das Injera dar. Während andere Fladenbrote feste, trockene, flache Brote sind, ist Injera eine dünne, feuchte Teigscheibe, die eher an hiesige Pfannkuchen erinnert als an Brot.

   Für viele Menschen Eritreas und Äthiopiens ist Injera ein Hauptnahrungsmittel. Statt Kartoffeln, Reis oder Nudeln wird es zu vielen warmen Gerichten gereicht. Oft ist es nicht nur Nahrungsmittel, sondern gleichzeitig Besteck (➤ S. 57). Da die Speisen oft ohne Messer und Gabel direkt mit der Hand gegessen werden, kann mit dem weichen Brot nicht nur Fleisch, sondern sogar Soße aufgenommen werden.

1¼ Liter Wasser mit 500 g Teffmehl und 1¼ Liter Wasser mit 500 g Weizenmehl in getrennten Schüsseln verrühren. 2 Tage bei normaler Zimmertemperatur stehenlassen, bis die Gärung begonnen hat. Überschüssiges Wasser vorsichtig abgießen und beide Inhalte zusammenrühren. Der Teig sollte die Konsistenz von Pfannkuchenteig haben; falls nicht, eventuell noch etwas Wasser zugeben. Den Teig für eine pfannkuchendicke Brotscheibe in eine erhitzte Pfanne gießen und vorsichtig garen. Da kein Fett verwendet wird, eignet sich eine teflonbeschichtete Pfanne am besten. Wer über ausreichend Erfahrung verfügt, kann auch – wie im Ursprungsland dieses Brotes – eine reine Metallpfanne verwenden. Dabei aber darauf achten, dass das Brot außen nicht braun wird oder gar anbrennt.

Zutaten für 50 Injeras

500 g Teffmehl, erhältlich im Bioladen, Reformhaus oder manchen Afrika-Shops (als Ersatz eine Mischung aus: 400 g Weizenmehl und 100 g Gerstemehl)

500 g Weizenmehl

Salz

Linsensuppe mit Feigen –
Würzig und süß

Zutaten für 4 Personen

1 daumengroßes Stück Ingwer
1 Knoblauchzehe
1 Tomate
½ Zucchini
2 Zwiebeln
1 TL Kurkuma
8 EL Linsen
1 EL Tomatenmark
½ TL Berbere
2 EL Feigenmarmelade
oder frische Feigen
selbst püriert
½ Bund Koriander
2 EL Pflanzenöl
Salz

Ingwer (➢ S. 48) und Knoblauchzehe fein hacken. Tomaten und Zucchini klein schneiden.

Gehackte Zwiebeln in Öl leicht anbraten, bis sie glasig sind. Tomaten und Zucchini dazugeben. Kurkuma (➢ S. 115) und Knoblauch unterrühren. Linsen und Tomatenmark zufügen, alles gut verrühren, salzen und 500 ml Wasser dazugießen. 10 Minuten kochen, dann Berbere (➢ S. 110) und Ingwer dazugeben. Jetzt auch die Feigenmarmelade oder die pürierten Feigen dazumischen. Kochen bis die Linsen weich sind; eventuell Wasser nachfüllen. Mit gehacktem Koriander bestreuen und servieren.

Zigni Dorho

Zigni Dorho –
Gekochtes Hühnchen
mit Eiern und Tomaten

Als ein regelrechtes Festessen gilt dieses herzhafte Gericht nicht nur in Eritrea, sondern auch in Äthiopien, wo es unter dem Namen Doro Wat bekannt ist. Geburtstag, Hochzeit, Taufe … Einen besonderen Grund muss es schon geben, wenn alle guten Sachen wie Fleisch, Gemüse und Eier gleichzeitig aufgetischt werden. Nicht zu vergessen: die Gewürzmischung Berbere (➤ S. 110).

Das Huhn waschen, ausnehmen, enthäuten und mit einem scharfen Messer in Schenkel, Flügel und Filets aufteilen. Mit einer ausgepressten Zitrone und etwas Salz einige Minuten in lauwarmem Wasser liegen lassen. Eventuell die fetten Teile entfernen und dann alles in einem Topf zum Kochen bringen.

In einem zweiten Topf die Eier hart kochen, schälen und beiseite legen. Die Zwiebeln klein hacken und in einer Pfanne bei schwacher Hitze mit etwas Öl goldbraun dünsten, dann in den Topf zum Huhn geben.

Zu Huhn und Zwiebeln etwas Wasser gießen, aufkochen, mit Berbere abschmecken und weitere 20 Minuten kochen lassen. Die Tomaten und die Chilischoten (vorsichtig mit einer Chilischote anfangen und an die gewünschte Schärfe herantasten!) klein geschnitten dazugeben und weitere 10 Minuten kochen. Den Ingwer (➤ S. 48) zerkleinern, die Knoblauchzehen mit der Gabel zerdrücken und alles weitere 30 Minuten kochen lassen.

Wer möchte, kann jetzt das Fett abschöpfen. Abschließend mit schwarzem Pfeffer bestreuen und nun auch die hart gekochten Eier zum Erwärmen für einige Minuten in den Topf legen.

Das Huhn zusammen mit dem Gemüse, den Eiern und dem traditionellen ostafrikanischen Brot Injera (➤ S. 105) auf einem großen Teller servieren. Injera kann dabei als Unterlage dienen, aber auch, zusammengerollt, als kräftiges Brotstück für Hungrige.

Dazu trinkt man Honigwein (➤ S. 99) oder ein kaltes Bier.

Zutaten für 4-6 Personen

1 Huhn
Saft von 1 Zitrone
8-10 Eier
1-1½ kg Zwiebeln
2-4 EL Berbere
1 kg Tomaten
2-4 Chilischoten
4 Knoblauchzehen
1 daumengroßes Stück Ingwer
Öl
Salz und Pfeffer

Beilage

Injera

Vegetarische Maedi –
Bunte Gemüseplatte

Eine bunte Mischung verschiedener Gemüse macht dieses Gericht nicht nur zu einem geschmacklichen, sondern auch zu einem visuellen Erlebnis. Gekochte Gemüsekartoffeln, gedünstetes Zucchini-Paprika-Gemüse, gekochte Linsen mit Gemüse sowie gekochter Spinat-Gemüse-Mix sind die 4 Einzelgerichte, aus denen Yordanus Habton, Inhaberin und Köchin des Afrika-Restaurants »Savanne« in Lich – ihre spezielle Maedi zusammenstellt.

Zu diesem Gericht kann man sehr gut Injera (➤ S. 105) reichen. Eine große flache Platte flächendeckend mit einigen Scheiben des Fladenbrotes belegen, darauf die 4 Gemüsezubereitungen arrangieren und die Zwischenräume eventuell mit zusammengerollten Injera ausfüllen.

Hier eine Maedi für **4 Personen:**

Gekochter Spinat-Gemüse-Mix

500 g Blattspinat
1 große rote Zwiebel
1 große Tomate
1 Peperoni
1 daumengroßes Stück Ingwer
1 Knoblauchzehe
½ Bund Petersilie
½ Sellerie
Kurkuma
1 EL Curry
1 EL Pflanzenöl
Salz

Zwiebel und Tomate in Scheiben schneiden, Peperoni, Ingwer (➤ S. 48) und Knoblauch klein hacken. Das Ganze kurz anbraten, bis die Zwiebeln glasig sind, den Spinat leicht mit anbraten und dann mit Wasser auffüllen, nach Geschmack salzen und mit gehackter Petersilie, klein geschnittenem Sellerie und den Gewürzen gar kochen.

Gekochte Gemüsekartoffeln

2 große Zwiebeln
250 g Karotten
500 g kochfeste Kartoffeln
½ Stange Sellerie
1 Knoblauchzehe
1 daumengroßes Stück Ingwer
½ Peperoni
1 EL Kurkuma
1 EL indischer Curry
Pflanzenöl
Salz

Zwiebeln in Ringe und Karotten längs schneiden. In Öl ca. 5 Minuten anbraten, geschälte und geschnittene Kartoffeln dazugeben. Sellerie, Knoblauch, Ingwer (➤ S. 48) und Peperoni klein hacken, Kurkuma (➤ S. 115) und Curry dazugeben und 10 Minuten weiterbraten. Mit Wasser auffüllen, bis alles bedeckt ist, nach Geschmack salzen und gar kochen. Achtung, die Kartoffeln sollten nicht zerkochen!

Gekochte Linsen

Zwiebel und Tomate in Scheiben schneiden, Peperoni, Ingwer (➢ S. 48) und Knoblauch klein hacken.
Das Ganze kurz anbraten, bis die Zwiebeln glasig sind, die Linsen leicht mit anbraten, dann mit
Wasser auffüllen, nach Geschmack salzen und mit
gehackter Petersilie, klein geschnittenem Sellerie,
Kurkuma (➢ S. 115) und Curry gar kochen.

250 g rote Linsen
1 große rote Zwiebel
1 große Tomate
2 Peperoni
1 daumengroßes Stück Ingwer
2 Knoblauchzehen
½ Bund Petersilie
½ Sellerie
Kurkuma
1 EL Curry
1 EL Pflanzenöl
Salz

Gedünstetes Zucchini-Paprika-Gemüse

Zucchini und Paprika in Streifen schneiden und
gemeinsam mit den Bohnen in einer Pfanne in
heißem Pflanzenöl anbraten. Sellerie, Knoblauch
und Peperoni fein zerhackt dazugeben, nach Geschmack salzen und alles in ca. 10 Minuten gar
braten.

2 Zucchini
1 rote Gemüsepaprika
1 gelbe Gemüsepaprika
1 grüne Gemüsepaprika
250 g grüne Bohnen
½ Stange Sellerie
2 Knoblauchzehen
½ Peperoni
Pflanzenöl
Salz

Nudeln mit Lammfleisch

Zutaten für 4 Personen

1 große Zwiebel

500 g Lammfleisch von der Keule oder Schulter

2 Zweige Rosmarin

½ Stange Sellerie

4 Tomaten

1-2 Knoblauchzehen

2 EL Tomatenmark

1 TL Berbere

500 g Spaghetti oder Makkaroni

1 Peperoni

2 Zweige Koriander

Pflanzenöl

Salz

Zwiebel klein hacken und in Öl in einer großen Pfanne anbraten. Fleisch in kleine Stücke schneiden und mit den Rosmarinzweigen dazugeben. Fleisch bei großer Hitze mehrfach wenden, bis es von allen Seiten braun ist. Sellerie und drei der Tomaten klein geschnitten in die Pfanne geben. Knoblauch hacken und gemeinsam mit Tomatenmark und Berbere (➤ unten) unterrühren. Nach Geschmack salzen. Hitze reduzieren und alles köcheln lassen, bis nach ca. 50 Minuten das Fleisch weich ist.

Nudeln al dente kochen und dazugeben. Eine frische Tomate und eine Peperoni in dünne Scheiben schneiden und alles vorsichtig vermischen. Pfanne vom Herd nehmen und das Ganze noch 5 Minuten ziehen lassen, bevor es verteilt wird. Mit frischem Koriander garnieren.

In diesem Gericht trifft die original eritreische Lammfleischzubereitung auf die von der Kolonialmacht Italien im 19. Jahrhundert eingeführten Spagetti.

   Berbere

Insbesondere in Eritrea und Äthiopien findet diese Gewürzmischung vielfältige Verwendung. Bei einer Ausbreitung über ein derart großes Gebiet ist eine Vielzahl von Varianten unvermeidlich. Die Verfügbarkeit der Zutaten spielt dabei ebenso eine Rolle wie individuelle Geschmacksvorlieben oder gegenseitige Beeinflussungen. Die erkennbare Gemeinsamkeit aller Varianten ist der hohe Anteil von Kreuzkümmel, Koriander und Pfeffer. Mischen Sie folgende Gewürze:

2 TL Kreuzkümmelpulver (➤ S. 28)

½ TL Zimt

1 TL Kardamompulver (➤ S. 133)

1 TL schwarzer Pfeffer, frisch gemahlen

½ TL Piment

5 TL zerriebener roter Pfeffer

1 TL Bockshornklee

1 TL Kurkuma (➤ S. 115)

1 TL Korianderpulver

3 TL süßes Paprikapulver

1 TL Ingwer (➤ S. 48), frisch gerieben

4-8 Knoblauchzehen, fein gehackt

1 TL Salz

Eritreisch-Äthiopische Kaffeezeremonie

1
Grüner Kaffee wird in einer Metallpfanne oder in einem Tiegel ca. 10 Minuten geröstet. Der Vorgang ist beendet, wenn man das schwarze Kaffeeöl austreten sieht. Der Röstvorgang ist gemeinsam mit dem Mischen der verschiedenen Kaffeesorten der kreativste Teil der Kaffeezubereitung.

2
Die frisch gerösteten Kaffeebohnen sollten den Gästen zur Begutachtung einen Moment ausgebreitet werden. Jetzt kann man auch sehr gut den Duft genießen, zu dem bei frisch geröstetem Kaffee bis zu 800 Aromastoffe beitragen.

3
Der Bastteller dient dabei als vielseitiges Hilfsmittel: als Unterlage und als Einfüllhilfe. So fällt nichts daneben.

4
Ob afrikanischer Mörser oder Kaffeemühle bleibt jedem selbst überlassen. Wenn Sie möchten, probieren Sie mal den »mühevolleren« Weg mit dem Mörser.

Ostafrika ist nicht nur die Wiege der Menschheit. Aus Ostafrika stammt auch eines unserer beliebtesten Getränke: der Kaffee. Seit Tausenden von Jahren kennt man hier das schwarze, anregende Getränk. Zwischen dem 13. und 16. Jahrhundert breitete sich der Kaffee erst in der islamischen Welt aus, und 1626 kam er über Rom und Venedig nach Europa.

5
Wieder mit Hilfe des vielseitigen Basttellers füllt man den gemahlenen Kaffee aus dem Mörserbehälter in die Tonkanne. Auf dem Tisch erkennt man grüne und geröstete ganze Kaffeebohnen.

6
Auf das Kaffeepulver in der Kanne wird kaltes Wasser gegossen. Der Kaffee soll dann ca. 10 Minuten leicht kochen. Ein kleines Weihrauchstückchen auf den glühenden Kohlen ergibt eine ganz besondere Duftmischung.

7
Den Kaffee einige Minuten ziehen lassen und dann in kleinen Tonbechern servieren.

8
Heiß und stark gezuckert genießen.

Samosas –
Gefüllte Teigtaschen

Seit Jahrhunderten führen Handelswege von Afrika nach Asien und zurück über den Hafen von Mombasa. Dieser war auch eines der ersten Ziele arabischer Seefahrer. Aus dem Inneren des afrikanischen Kontinentes waren es die Karawanenhändler, die hier zum Warenaustausch auf die Seefahrer trafen. Heute verbinden hauptsächlich Lastwagen diesen Handelsplatz mit Märkten in ganz Ostafrika und die Eisenbahnlinie nach Nairobi – schon Ernest Hemingway reiste auf dieser traditionsreichen Strecke. Vor allem indische Arbeitskräfte bauten die Bahnstrecke um die Wende zum 20. Jahrhundert. Sie brachten die Samosa-Rezepte aus ihrer Heimat mit. Doch längst sind die gefüllten Teigtaschen zum kulinarischen Allgemeingut der Menschen im ostafrikanischen Schmelztiegel geworden. Und nicht nur hier; unter dem Namen Fataya kennt man sie auch in Westafrika.

Die in Frankfurt am Main lebende Malerin Helen Omamo-Gomaz aus Kenia benutzt meist einen backfertigen Blätterteig zur Formung der Taschen. Der schmeckt genauso gut und spart Zeit.

Bei der Füllung kann man experimentieren und muss sich nicht an das Originalrezept halten. Denn was heißt hier schon original – es gibt zahllose Varianten. Hier das Rezept von Helen:

Zutaten für 4 Personen

1 daumengroßes Stück Ingwer
6 Knoblauchzehen
3 große Zwiebeln
500 g Gehacktes vom Lamm
1 EL Massala
1 EL Curry
1 EL Korianderpulver
1 EL Kurkuma
300 g Blätterteig
Saft von 1 Zitrone
Pflanzenöl
Salz

Vegetarische Variante

3 Kartoffeln
3 Karotten
1 Zucchini
1 Zwiebel
120 g Kichererbsen
120 g Erbsen
4 Zweige Korianderpulver
½ TL Curry
Salz und Pfeffer

Ingwer (➢ S. 48) und Knoblauch reiben oder in der Küchenmaschine zerkleinern, Zwiebeln klein schneiden. Zusammen mit dem Lammhackfleisch, Massala und Curry gut vermischen und in einer kleinen Pfanne vorsichtig anbraten. Koriander und Kurkuma (➢ S. 115) zugeben, mit Salz abschmecken und das Fett sorgfältig ablöffeln. Jetzt werden die Teigtaschen geformt. Wie auf den Fotos gezeigt, ergeben sie kleine spitze Tüten. In diese füllt man die angebratene Hackfleischmischung und verschließt die Tasche mit dem überstehenden Teigrand. In einem heißen, geschmacksneutralen Öl werden die Samosas kurz frittiert. Wenn sie eine goldgelbe bis leicht braune Farbe angenommen haben, herausnehmen und das Öl abtropfen lassen. Mit etwas Zitrone beträufeln und warm essen.

Frittierte Samosas

Samosa-Herstellung: Angebratene Hackfleisch-mischung.

Rechteckige Teigstücke an beiden Enden schräg abschneiden.

Den Teig auf halber Länge zusammenfalten und dann locker schräg umschlagen.

Eine spitze Tüte formen, Hackfleischmischung einfüllen und mit der überstehenden Ecke ver-schließen.

   Kurkuma

Die auch als Gelbwurz bekannte Pflanze aus der Familie der Ingwergewächse stammt ursprüng-lich aus Asien und wird heute in allen Tropengebieten der Welt angebaut. Als Gewürz dient die Pflanze meist getrocknet und pulverisiert. In Asien wird sie manchmal auch frisch oder eingelegt verwendet. Kurkuma ist Bestandteil vieler indischer Currys, aber auch der marokkanischen Ge-würzmischung Ras el Hanout (➤ S. 20). Kurkuma dient heute auch als gelbe Lebensmittelfarbe und ist ein bekanntes Heilmittel bei Leber-, Gallen- und Magenerkrankungen.

Maniokbällchen

**Zutaten für
eine große Schüssel**

2 mittelgroße Maniokwurzeln
2 Zwiebeln
1 daumengroßes Stück Ingwer
4 Zweige Koriander
1 Ei
Paniermehl
½ TL Curry
1 TL scharfes Paprikapulver
1 TL Massala
Salz

Maniok (➤ S. 89) nach dem Waschen und Schälen halbieren und die harte, ungenießbare Mittelvene herausschneiden. Maniok in eine Schüssel reiben. Zwiebeln, Ingwer (➤ S. 48) und Koriander klein schneiden und mit Ei, Paniermehl, Salz und den Gewürzen zu dem geriebenen Maniok in die Schüssel geben. Alles zu einer festen Masse vermischen. Bällchen mit einem Durchmesser von 3-4 cm formen und bei mittlerer Hitze auf geöltem oder mit Backpapier belegtem Blech ca. 30 Minuten backen.

Hackfleischspieße

Zutaten für 8 Personen

2 Zwiebeln
3 Knoblauchzehen
1 daumengroßes Stück Ingwer
2-4 Zweige Koriander
2 kg Gehacktes vom Lamm
oder Rind
2 EL Massala
200 g Paniermehl
Paprikapulver
Öl
Salz und Pfeffer

Zwiebeln, Knoblauchzehen, Ingwer (➤ S. 48) und Korianderblätter fein zerkleinern. Mit dem Hackfleisch, den restlichen Zutaten und dem Paniermehl zu einer festen Masse vermischen. Bällchen mit einem Durchmesser von 3-4 cm formen, auf Spieße stecken und bei mittlerer Hitze auf geöltem oder mit Backpapier belegtem Blech ca. 30 Minuten backen.

Lammfleisch auf dem Backblech

Die Lammschulter vom Metzger in topfgerechte Stücke sägen lassen.

Den Backofen auf 180°C vorheizen.

Das Fleisch mit drei gewürfelten Tomaten, den geviertelten Zwiebeln, den Knoblauchzehen, dem geschälten Ingwer (➢ S. 48) und den frischen Kräutern in Wasser aufkochen und 10 Minuten köcheln lassen.

Das Wasser abgießen und den Topfinhalt auf einem leicht geölten Backblech verteilen. Dabei die frischen Kräuter zwischen dem Fleisch und dem Gemüse platzieren, so dass sie während des Garprozesses ihr Aroma optimal abgeben können. Alle Trockengewürze gleichmäßig über dem Fleisch und dem Gemüse verteilen. Im Ofen 1 Stunde backen und dann die geviertelten Süßkartoffelstücke (➢ S. 125) und die zwei übrigen gewürfelten Tomaten auf das Backblech legen. Pfeffer und Salz drüberstreuen und noch ca. 20 Minuten backen. Sobald die Süßkartoffeln weich sind, kann serviert werden.

Zutaten für 4 Personen

1¼ kg Lammschulter
5 Tomaten
3 Zwiebeln
5 Knoblauchzehen
1 Stück Ingwer, etwa 5 cm
5 Zweige Koriander
5 Zweige Basilikum
5 Zweige Rosmarin
1 EL Korianderpulver
1 EL getrockneter Oregano
1 EL Currymischung
2 TL rosenscharfes Paprikapulver
3-4 Süßkartoffeln
Salz und Pfeffer

Kokos-Ingwer-Joghurt

Zutaten für 4 Personen

500 g Naturjoghurt,
mindestens 10% Fettgehalt
120 g Zucker
2 Päckchen Vanillezucker
200 ml Kokosmilch
1 Stück Ingwer, etwa 20 g
4 TL Kokosflocken

Den Joghurt gut mit Zucker, Vanillezucker und Kokosmilch verrühren. Den Ingwer (➤ S. 48) schälen, reiben und untermischen. Kalt stellen und kurz vor dem Servieren in Dessertschälchen verteilen und je einen Teelöffel Kokosflocken darüber streuen.

Virginia Wangare-Greiner, geboren und aufgewachsen in Kenia, kam schon vor vielen Jahren nach Deutschland. Hier hatte sie schnell Kontakt zu anderen afrikanischen Immigrantinnen und erfuhr von deren speziellen Schwierigkeiten und Sorgen. Um diesen Frauen Unterstützung anzubieten, gründete sie 1996 »Maisha e. V.«. Das Wort kommt aus der Suaheli-Sprache und bedeutet »das Leben«. Der Verein berät in Gesundheitsfragen wie in Eheangelegenheiten und bei häuslicher Gewalt, in Fragen zur Aufenthaltserlaubnis oder im Umgang mit deutschen Behörden. Wangare-Greiner arbeitet im Integrationsbeirat der Stadt Frankfurt am Main, berät die hessische Polizei und ist in verschiedenen nationalen und internationalen Institutionen zu diesen Themenbereichen tätig.
In den afrikanischen Kochkursen, die sie, wenn ihr noch Zeit bleibt, im Verein »Maisha e. V.« abhält, erklärt sie die afrikanische Küche so: »In Afrika verwendet man als Messgerät die Hände und als Rezeptbuch Phantasie und Gefühl. Gemischt wird, was gerade da ist, oft in überraschenden Zusammenstellungen.«

Spicy Salad

Marinade aus Sonnenblumenöl, gepresster Zitrone, Salz, Zwiebelringen und den klein gehackten Chilis herstellen. Bitte die Chilis entsprechend dem eigenen Geschmack dosieren. Über die zerkleinerten Tomaten und die gewaschenen und abgetropften Salatblätter gießen und alles gut durchmischen.

Zutaten für 4 Personen

Saft von 1 Zitrone

2 Zwiebeln

1-2 rote, grüne oder gelbe Chilischoten

3 Tomaten

1 grüner Salat
oder Eisbergsalat

Sonnenblumenöl

Salz

Ostafrikanisches
Red Snapper-Gemüseragout

Zutaten für 4 Personen

1 große Zwiebel
800 g Red Snapper-Filets
3 Tomaten
1 rote Gemüsepaprika
1 gelbe Gemüsepaprika
1 Knoblauchzehe
1 daumengroßes Stück Ingwer
1-2 TL Curry
1 TL gekörnte Brühe
Pflanzenöl
Salz und Pfeffer

Beilage
Reis oder Brot

Zwiebel klein schneiden, Red Snapper (➤ S. 122) würfeln, Tomaten in Scheiben und Paprika in dünne Streifen schneiden. Knoblauch und Ingwer (➤ S. 48) fein hacken. Zwiebel und Fisch in Öl anbraten. Tomaten, Paprika, etwas Curry und die gekörnte Gemüsebrühe unterrühren. Knoblauch und Ingwer dazugeben, gut umrühren und nach weiterem kurzen Anbraten alles mit Wasser auffüllen. Mit Curry, Salz und Pfeffer abschmecken und ca. 20 Minuten auf kleiner Flamme kochen. Mit Reis oder Brot servieren.

Links: Gebackener Red Snapper; Rechts oben: Chapati; Rechts unten: Red Snapper-Gemüseragout

Gebackener Red Snapper

Red Snapper (➤ S. 122) gründlich waschen, entschuppen und danach am Bauch aufschneiden. Die Eingeweide herausnehmen und den Fisch innen und außen nochmals unter fließendem Wasser abspülen.

Den Fisch mit einem scharfen Messer 4-5 Mal an beiden Seiten quer einschneiden. Die Knoblauchzehen und den Ingwer (➤ S. 48) fein hacken, mit der Margarine vermischen und die Einschnitte damit füllen.

In einer großen Pfanne den Fisch zur Hälfte mit Wasser bedecken. Die klein geschnittene Chili und die in Scheiben geschnittenen Tomaten und Zwiebeln hinzugeben. Den Saft der drei Zitronen und einen großen Schuss Öl gleichmäßig darüber verteilen. Salzen, Pfeffern und im Backofen 20 Minuten bei 200°C backen. Danach auf dem Herd nochmals 30 Minuten auf kleiner Hitze kochen lassen, eventuell etwas nachsalzen und -pfeffern. Als Beilage eignet sich das Fladenbrot Chapati (➤ unten). Aber auch Reis ist möglich.

Zutaten für 4 Personen

1 Red Snapper, ca. 1½ kg

10 Knoblauchzehen

2 fingerkuppengroße Stückchen Ingwer

100 g Margarine

1 Chilischote

3 Tomaten

3 Zwiebeln

Saft von 3 Zitronen

Pflanzenöl

Salz und Pfeffer

Beilage

Chapati oder Reis

Chapati – Fladenbrot aus dem Osten

Wie die Samosas hat Ostafrika auch das Fladenbrot Chapati indischen Einflüssen zu verdanken. Und gleich den Samosas handelt es sich auch hier um einen Blätterteig. Chapati ist hervorragend als Beilage zu dem obenstehenden Red Snapper-Gericht geeignet.

Zutaten für 500 g

500 g Weizenmehl

Salz

Pflanzenöl

Dazu 500 g Weizenmehl mit ca. 250 ml Wasser und etwas Salz zu einem gleichmäßigen Teig verkneten. Daraus eine ca. 5 cm dicke Rolle formen, in acht gleichmäßige Teile zerschneiden und diese dann zu dünnen Fladen ausrollen. Aus diesen Fladen wiederum kleine Rollen formen und zu Schnecken – oder auch Spiralen – wickeln. Diese Schnecken nochmals zu dünnen Fladen ausrollen und dann in einer Pfanne mit Pflanzenöl auf jeder Seite ca. 2 Minuten ausbacken.

Panierte Red Snapper-Filets mit Tomatensoße

Zutaten für 4 Personen

4 Red Snapper-Filets,
je ca. 200 g

Saft von 1 Zitrone

1 Knoblauchzehe

1 fingerkuppengroßes Stück
Ingwer

110 g Weizenmehl

Pflanzenöl

Salz und Pfeffer

Zutaten Tomatensoße

1 Zwiebel

1 Knoblauchzehe

500 g Tomaten

500 g passierte Tomaten

5 Zweige Koriander

1 EL gekörnte Brühe

250 ml Fischfond

Pflanzenöl

Salz und Pfeffer

Beilage

Reis oder Weißbrot

Die Red Snapper-Filets (➤ unten) mit dem Saft einer Zitrone beträufeln und mit der klein geschnittenen Knoblauchzehe und dem zerkleinerten Ingwer (➤ S. 48) sowie Salz und Pfeffer bestreuen. 1 Stunde abgedeckt stehen lassen, die Filets danach im Mehl wälzen und im heißen Öl auf jeder Seite 2-3 Minuten goldbraun braten.

Tomatensoße: Zwiebel fein geschnitten in etwas Öl anbraten. Knoblauchzehe klein hacken und gemeinsam mit den in Stücke geschnittenen Tomaten sowie den passierten Tomaten und den Korianderzweigen zugeben. Gemüsebrühe und Fischfond unterrühren, dann 15 Minuten auf kleiner Hitze unter häufigem Rühren kochen lassen. Die Korianderzweige herausnehmen und die Soße über die Fischfilets gießen. Mit Reis oder Weißbrot servieren.

    Red Snapper

Rund 100 verschiedene Snapper-Arten schwimmen in den tropischen Meeren unserer Erde. Unter ihnen ist der Red Snapper zweifellos der bekannteste. Schließlich kann er bis zu 50 kg schwer und 1 m lang werden. Handelsüblich bei uns sind Exemplare von 1½-3 kg. Red Snapper gehören weltweit zu den beliebtesten Speisefischen. Das feste, weiße Fleisch lässt sich kochen, braten oder backen.

Gegrilltes Ziegenfleisch
mit Ingwer

Fein gehackten Knoblauch, Chilischote und Ingwer (➤ S. 48), in Ringe geschnittene Zwiebel und Senf mit Öl zu einer Marinade vermischen. Honig und Pfeffer je nach Geschmack unterrühren und das in 4-8 cm große Scheiben geschnittene Ziegenfleisch (➤ S. 90) über Nacht abgedeckt im Kühlschrank darin einlegen.

Am nächsten Tag das Fleisch aus der Marinade nehmen, auf einem geölten Backblech ausbreiten und 30-45 Minuten im Ofen garen. Da Ziegenfleisch kaum Fett enthält, empfiehlt sich diese Methode, bei der der köstliche Bratensaft nicht, wie auf einem Rost, verloren geht.

Kochbananen (➤ S. 83) schälen und im Ganzen auf einem zweiten Blech im Ofen gleich mitbacken. Man kann die Bananen etwas einölen, damit sie nicht völlig austrocknen. Mancher mag sie aber lieber frittiert. Dazu sollte man sie in 1 cm dicke Scheiben schneiden und in heißem Öl goldbraun werden lassen (➤ S. 48).

Einige Blätter Eisbergsalat mit etwas Öl und Zitronesaft runden dieses kräftige Mahl geschmacklich ab und geben einen schönen Farbkontrast.

Zutaten für 4 Personen

4 Knoblauchzehen
1 scharfe Chilischote
40 g Ingwer
1 große Zwiebel
2 EL mittelscharfer Senf
2-4 EL Honig
1 kg Ziegenfleisch
(⅔ von der Keule und
⅓ etwas fetteres Fleisch
vom Bauch)
8 grüne Kochbananen
1 Eisbergsalat
Sonnenblumenöl
Saft von 1 Zitrone
Salz und Pfeffer

Beilage

Gebackene
oder frittierte Kochbananen
Eisbergsalat

Ziegengulasch

Ziegenkoteletts (➤ S. 90) in Würfel schneiden, Karotten in Scheiben schneiden, Kartoffeln und Tomaten klein würfeln, Okraschoten (➤ S. 70) in dünne Scheiben schneiden, Zwiebeln und Knoblauch fein hacken.

Ziegenfleisch zusammen mit den abgeschnittenen Knochen und der Hälfte der Zwiebelstücke scharf in Öl anbraten. Das Mehl darüber streuen, gut durchrühren und mit etwas Wasser auffüllen, die Karotten dazu geben und das Ganze 20 Minuten auf kleiner Hitze kochen.

In einem großen Topf die restlichen Zwiebelstücke in Öl anbraten. Tomaten- und Kartoffelstücke, den Knoblauch, die Okrascheiben und das Tomatenmark unterrühren. Alles 10 Minuten schmoren, dann das Fleisch mit der Brühe dazugießen, die Knochen entfernen und 20 Minuten kochen lassen. Mit Salz und Pfeffer abschmecken und mit einem frischen Salat und frittierten Kochbananen (➤ S. 83, S. 48) oder Süßkartoffeln (➤ unten) servieren.

Zutaten für 4 Personen

*1 kg Ziegenrücken,
vom Metzger zu Koteletts
schneiden lassen*

3 Karotten

2 Kartoffeln

3 Tomaten

5 Okraschoten

3 Zwiebeln

3 Knoblauchzehen

1 EL Mehl

100 g Tomatenmark

3 EL Sonnenblumenöl

Salz und Pfeffer

Beilage

*Kochbananen oder
Süßkartoffeln, Salat*

   Süßkartoffeln

Die vermutlich in Mittelamerika aus einer wilden Form gezüchtete Süßkartoffel kam erst durch Seefahrer nach der Eroberung Amerikas zu uns nach Mitteleuropa. Hier erlangte sie auch einen Ruf als Aphrodisiakum. Dennoch ging die Bedeutung dieser Pflanze in den vergangenen Jahrhunderten in Europa deutlich zurück. In Afrika dagegen hat ihre Beliebtheit seit ihrer Einführung durch freigelassene, aus Amerika heimgekehrte Sklaven kontinuierlich zugenommen. Neben dem hohen Zucker- und Stärkeanteil bietet die auch Batate, Weiße Kartoffel oder Knollenwinde genannte Süßkartoffel reichlich Ballaststoffe und Vitamine. Inzwischen werden von der längst auch in Asien und anderen Teilen der Welt beliebten Süßkartoffel unterschiedliche Sorten gezüchtet.

Die Zubereitungsmöglichkeiten entsprechen der unserer Kartoffel, also kochen, backen, braten und frittieren. In weiten Teilen Afrikas ist sie ein vielfältig einsetzbares Grundnahrungsmittel als Gemüsebeilage und gleichzeitig als Sattmacher. Diese Doppelrolle spielt in Afrika übrigens auch die bei uns übliche Speisekartoffel. Beide Arten werden oft in kleiner Menge den gemischten Gemüsezubereitungen neben Karotten, Bohnen, Zwiebeln usw. beigefügt. Nicht selten gibt es dann als Beilage Brot, Reis oder Ugali, die ostafrikanische Variante des westafrikanischen Fufu (➤ S. 53).

Pfannkuchen mit Curry-Masala oder Kokos-Curry

Eine Pfanne nicht so stark erhitzen und das Kardamom (➤ S. 133) unter ständigem Rühren erwärmen. Dann Zimtstange und Lorbeerblatt klein brechen und mit Koriander, Kreuzkümmel (➤ S. 28), Nelken und Muskat dazugeben. Unter ständigem Rühren auf kleiner Hitze leicht anrösten. Erst wenn sich ein deutlicher Duft entwickelt hat, Öl dazugeben und die geviertelten Kartoffeln darin anbraten. Karotte und Aubergine klein geschnitten hinzufügen. Alles 10 Minuten braten, umrühren nicht vergessen.

Paprika, Tomaten und Zwiebel klein schneiden und dazugeben und weitere 10 Minuten köcheln lassen. Wenn die Kartoffeln und Karottenstücke weich sind, mit Salz und Pfeffer abschmecken.

Will man ein Kokos-Curry machen, wird jetzt die Kokosmilch untergerührt.

Damit die Curry-Masala sich gut auf den Pfannkuchen verteilen lässt, sollte man bei Bedarf zwischendurch etwas Wasser zufügen. Masala warm halten.

Für die Pfannkuchen Mehl und Salz in eine ausreichend große Rührschüssel geben, klein geschnittene Zwiebel und Ei unterrühren und Wasser nachfüllen, bis ein dünner Brei entstanden ist. Nacheinander jeweils einen Schöpflöffel davon im heißen Öl ausbacken. Zwischendurch wenden.

Jeweils einen Pfannkuchen auf einem Teller ausbreiten und 2-4 EL Curry-Masala oder Kokos-Curry darüber geben.

Zutaten für 4 Personen

Pfannkuchen

450 g Mehl
1 kleine Zwiebel
1 Ei
Sonnenblumenöl
½ TL Salz

Curry-Masala

1 TL Kardamompulver
½ Zimtstange
1 Lorbeerblatt
1 EL Korianderpulver
1 EL Kreuzkümmelpulver
2 Gewürznelken
½ TL geriebener Muskat
3-5 kleine Kartoffeln
½ Karotte
1 Aubergine
1 rote Paprika
2 Tomaten
½ Zwiebel
Sonnenblumenöl
Salz und Pfeffer

Für Kokosnuss-Curry zusätzlich

1 Dose Kokosnusscreme (400 ml)

Frittierte Hähnchenmägen
auf Eisbergsalat

Die Hähnchenmägen werden meistens aufgeschnitten und gereinigt verkauft. Falls nicht, aufschneiden, gründlich entleeren und sorgfältig unter fließendem Wasser waschen. Die Tamarinde (➢ S. 42) 1 Stunde in Wasser aufweichen.

Sonnenblumenöl in einer Pfanne erhitzen und darin eine halbe klein gehackte Zwiebel andünsten. Die Hähnchenmägen dann von allen Seiten scharf anbraten und eine klein geschnittene Tomate und den gehakten Koriander in der Pfanne andünsten. Nach und nach die geschnittenen Chilischoten und den mundgerecht geschnittenen Stangensellerie zugeben. Die aufgeweichte Tamarinde in kleine Stücke schneiden und in die Pfanne geben. Alles aufkochen, den zerriebenen Brühwürfel einstreuen und unter gelegentlichem Umrühren 15 Minuten garen.

Auf einem großen Teller die Blätter des Eisbergsalats breit auslegen. Die Hähnchenmägen mit kleinen Spießen versehen und mit dem gesamten Pfanneninhalt darauf verteilen.

Das Gericht mit den in Scheiben geschnittenen restlichen Tomaten und dem in Streifen geschnittenen roten Gemüsepaprika garnieren. Die zweite Zwiebelhälfte klein gehackt drüberstreuen. Salzen und Pfeffern.

Zutaten für 4 Personen

500 g ganze Hähnchenmägen
1 Zwiebel
3 Tomaten
5 Zweige Koriander
3 grüne Chilischoten
3 Stangen Sellerie
50 g Tamarinde
½ Brühwürfel
1 Eisbergsalat
1 roter Gemüsepaprika
Sonnenblumenöl
Salz und Pfeffer

Robert Msafiri, geboren in Tansania, absolvierte die Internationale Kochschule des Kenya Utalii-College for Hospitality and Tourism in Nairobi. Er arbeitete als Koch und Restaurantmanager in Südostafrika, u.a. auf der Insel Mafia im Indischen Ozean. Ab 1997 lebte er in Deutschland und kochte in afrikanischen und indischen Restaurantküchen. 2010 kehrte er in seine Heimat zurück, um seinen kranken Vater zu pflegen. Für dieses Buch kochte er Gerichte aus Kenia und Tansania, einschließlich Sansibar.

Gemüse-Fisch-Pfanne
mit Kokosreis

Zur Herstellung der Marinade den geschnittenen Stangensellerie mit der geschnittenen Zwiebel und der klein gehackten Chilischote mischen. Den Saft der Limone und den Zucker unterrühren und den in 3 cm dicke Scheiben geschnittenen Fisch darin 2 Stunden marinieren.

Den Fisch herausnehmen und abtropfen lassen. Die Marinade in einem Topf erhitzen. Den Fisch in einer großen Pfanne in Sonnenblumenöl anbraten. Eine fein gehackte Zwiebel zum Fisch geben und farblos dünsten. Die in Streifen geschnittenen Gemüsepaprika ebenfalls mit andünsten. Die Fleischtomaten sowie die geschälten Tomaten würfeln und mit in die Pfanne geben. 5 Zweige Petersilie klein gehackt zufügen. Salzen und pfeffern. Sobald es zu kochen anfängt, die erhitzte Marinade dazugeben und alles kurz aufkochen.

Zur Herstellung des Kokosreises 500 ml Wasser zusammen mit der Kokosmilch aufkochen. Die gehackten Cashewkerne und die Brühwürfel gut darin verrühren. Jetzt den Reis zugeben und auf kleinster Flamme kochen, bis sich keine Flüssigkeit mehr im Topf befindet. Darauf achten, dass nichts im Topf anbrennt. Fisch und Reis auf den Tellern mit der restlichen frischen Petersilie dekorieren.

Zutaten für 4 Personen

500 g Fisch (Red Snapper, Loup de Mer o. ä.)
1 mittelgroße Zwiebel
1 rote Gemüsepaprika
1 gelbe Gemüsepaprika
1 grüne Gemüsepaprika
5 Fleischtomaten
400 g geschälte Tomaten aus der Dose
10 Zweige Petersilie
Sonnenblumenöl
Salz und Pfeffer

Marinade

2 Stangen Sellerie
1 mittelgroße Zwiebel
1 rote Chilischote
1 Limone
1 EL Zucker

Kokosreis

400 ml Kokosmilch aus der Dose
70 g Cashewkerne
2 Brühwürfel
500 g Reis

Wolfsbarsch und Rindfleisch mit Pilau-Reis

Zutaten für 4 Personen

Zutaten für den Fisch und die Marinade

1 Wolfsbarsch, ca. 1,2 kg
Saft von 1½ Zitrone
1 daumengroßes Stück Ingwer
2 Knoblauchzehen

Zutaten für den Fleischsud

1 kg Rindfleisch zum Braten
2 Knoblauchzehen
1 daumengroßes Stück Ingwer
1 TL schwarze Pfefferkörner
Salz

Zutaten für die Reiszubereitung

½ Zwiebel
2 Zimtstangen
6 Kardamomsamen, gemahlen oder zerstoßen oder 1 EL Kardamompulver
2 EL Kreuzkümmelpulver
300 g Reis
Sonnenblumenöl
Salz und Pfeffer

Zuerst den Wolfsbarsch ausnehmen, entschuppen, gründlich waschen und Kopf und Schwanz abschneiden. Den Fisch quer zum Rumpf in vier Stücke zerteilen. Mit dem Saft einer Zitrone, dem klein gehackten Ingwer (➤ S. 48) und zwei klein gehackten Knoblauchzehen marinieren und 2-3 Stunden beiseite stellen.

Nun das Rindfleisch gulaschgroß würfeln und mit dem klein gehackten Knoblauch, dem klein gehackten Ingwer und den Pfefferkörnern in ca. 2 Litern Wasser in ca. 2 Stunden weich kochen. Damit das Fleisch die Aromen aufnehmen kann, sollte es weitere 2 Stunden in dem Sud verweilen.

Jetzt den Fisch aus der Marinade nehmen und mit dem Saft einer halben Zitrone beträufeln, salzen und pfeffern und in ca. 15 Minuten in Salzwasser gar kochen.

Danach etwas Öl in einen ausreichend großen Topf geben, erhitzen und auf kleiner Flamme die klein geschnittene Zwiebel, die zerkleinerten Zimtstangen, das Kardamom (➤ S. 133) und den Kreuzkümmel (➤ S. 28) scharf anbraten. Dabei immer rühren. Das Fleisch und ca. 500 ml des Fleischsuds dazugeben, den Rest des Suds beiseite stellen. Aufkochen und dann den Reis reinschütten. Während des gründlichen Durchmischens nochmals kurz aufkochen. Herd auf kleinste Hitze, Deckel auf den Topf und 20-25 Minuten warten. Dann alles mit einer Gabel auflockern. Falls der Reis nach dem Aufquellen zu trocken geworden ist, etwas Fleischsud nachgießen und nochmals mit einer Gabel gut durchmischen. Mit Salz und Pfeffer abschmecken.

Fisch, Fleisch und Reis auf einem Teller arrangieren und eventuell mit einem trockenen Weißwein servieren.

Kardamom

Da Indien einer der größten Produzenten von Kardamom ist, hat sich das Gewürz mit der indischen Immigration nach Afrika zunächst in Ostafrika und später auch in Nord- und Südafrika verbreitet. So wird beispielsweise in Eritrea der Kaffee damit gewürzt, und in Marokko ist Kardamom ein grundlegender Bestandteil der Gewürzmischung Ras el Hanout (➤ S. 20). In Europa ist Kardamom relativ wenig verbreitet, wenn man einmal von der Verwendung in Keksen und Lebkuchen absieht.

Verwendet man Kardamomsamen, sollten diese erst kurz vor ihrer Verwendung aus den Kapseln befreit und gemahlen oder im Mörser zerstampft werden. Die dann entweichenden ätherischen Öle verbreiten einen angenehmen süßen und aromatischen Duft.

Mandasi –
Kokoskuchen aus der Pfanne

Zutaten für 6 Personen

800 g Weizenmehl
20 g Hefepulver
20 g Vanillearoma
3 Eier
200 ml Milch
100 g Zucker
50 g Kokosraspeln
Sonnenblumenöl

Mehl, Hefepulver und Vanillearoma in einer Schüssel gut mischen und zu einem Kegel anhäufen und oben eine Mulde eindrücken. Die Eier in diese Mulde geben. Etwas kalte Milch hinzufügen und mit den Händen das Ganze sorgfältig zu einem Teig verkneten. Dabei die restliche Milch nach und nach dazugeben. Aus dem Teig eine Kugel formen. Die Schüssel mit einem feuchten Tuch zudecken und an einem warmen Ort ca. 20 Minuten stehen lassen.

Wenn der Teig hochkommt und sich das Volumen der Teigkugel sichtbar vergrößert hat, ist der Teig bereit. Jetzt den Teig auf einem großen Brett oder der Tischplatte zu einem 1 cm dicken Fladen ausrollen. Mit einer Tasse oder einem Glas runde Kuchen ausstechen und mit Sonnenblumenöl in der Fritteuse oder Pfanne ausbacken.

Gleichzeitig in einer anderen Pfanne Zucker karamellisieren. Dazu wird ein wenig Wasser zusammen mit dem Zucker in die Pfanne gegeben und langsam erhitzt. Dabei dauernd rühren. Das Wasser verdunstet und der Zucker färbt sich braun. Rühren, bis alles Wasser verdunstet und der gesamte Zucker karamellisiert ist. Wenn nötig, zwischendurch nochmals Wasser zugießen. Die Pfannkuchen in der Pfanne mit dem heißen karamellisierten Zucker 3 Minuten backen, umdrehen, nochmals 3 Minuten backen und anschließend in den Kokosraspeln wälzen. Die mit Kokosraspeln übersäten Mandasi können heiß, aber auch abgekühlt gegessen werden.

Angola

Sambia

Malawi

Komoren

Simbabwe

Mosambik

Namibia

Botswana

Madagaskar

Lesotho

Swasiland

Südafrika

Südliches Afrika

Nem –
Frühlingsrolle

Die weltbekannte asiatische Frühlingsrolle hat sich auch im östlichen und südlichen Afrika etabliert und wird hier mit einem frischen Tomatendip serviert.

Zutaten für 20 Stück

*10 cm langes fingerdickes
Bündel Glasnudeln*

250 g geschälte Garnelen

1 Knoblauchzehe

2 EL schwarze Champignons

250 g Gehacktes vom Schwein

1 Eigelb

*20 Blatt chinesisches
Reispapier*

Erdnussöl

Salz und Pfeffer

Zutaten für den Dip

2 reife aromatische Tomaten

2 fingergroße Stücke Ingwer

2 Frühlingszwiebeln

Saft von 1 Limette oder Zitrone

Glasnudeln in einer Schüssel mit kochendem Wasser übergießen und 10 Minuten weichen lassen. Danach in ca. 1 cm lange Stücke schneiden.

Für die Füllung Garnelen, Knoblauchzehe und Champignons fein hacken und mit dem Schweinehack, den Glasnudeln und dem Eigelb gleichmäßig vermischen. Nach Geschmack salzen und pfeffern.

Ein Blatt Reispapier durch kaltes Wasser ziehen, etwas Füllung darin einrollen und an beiden Seiten falten. Wenn alle Frühlingsrollen so vorbereitet sind, in heißem Erdnussöl goldbraun backen.

Dip: Tomaten klein würfeln, Ingwer (➢ S. 48) und Frühlingszwiebeln sehr fein hacken und mit den Tomatenwürfeln und dem Saft der Limette oder Zitrone vermischen und kaltstellen.

Die Frühlingsrollen heiß, den Dip kalt servieren.

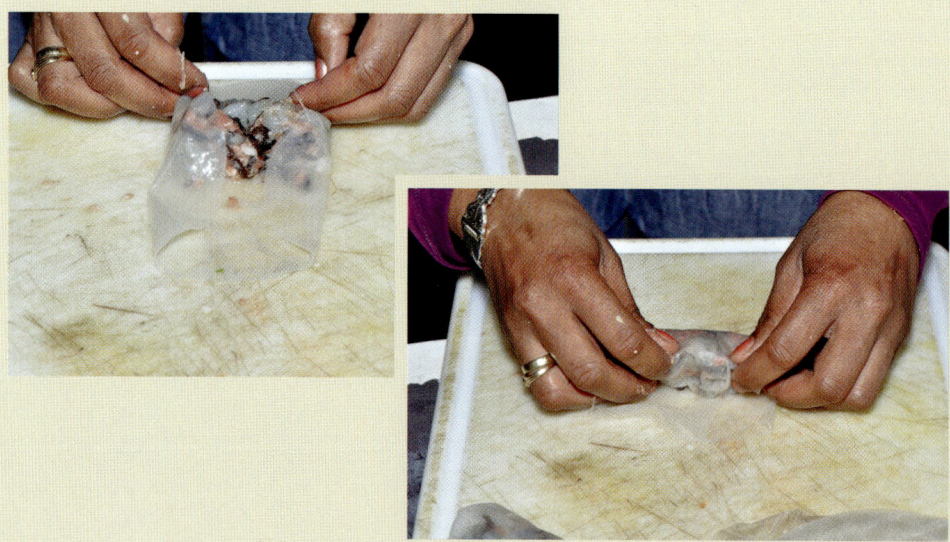

Romanzavadebœuf
mit Rogaille und Reis

Das Rindfleisch in gulaschgroße Würfel schneiden und in einen großen Topf legen. Wasser auffüllen, bis das Fleisch gerade bedeckt ist. Zwiebel, Knoblauchzehe und Tomate klein schneiden und dazu geben. Das Ganze aufkochen, Hitze verringern und zugedeckt köcheln lassen, bis das Wasser verdunstet ist. Den in Streifen geschnittenen Chicoree sowie Blattspinat und Brunnenkresse in den Topf geben. Etwas Wasser nachfüllen und zugedeckt kochen, bis das Fleisch weich ist. Mit Salz und Pfeffer abschmecken. Mit Reis servieren.

Zutaten für 4 Personen

500 g Rindfleisch

1 Zwiebel

1 Knoblauchzehe

1 Tomate

300 g Chicoree

300 g Blattspinat

300 g Brunnenkresse

Salz und Pfeffer

Beilage

Reis

Links: Pikantes gebratenes Gemüse; Mitte: Romanzavadebœuf; Rechts oben: Tomatendip; Rechts unten: Nem

Pikantes gebratenes Gemüse aus grünen Bohnen

Zutaten für 4 Personen

5 mittelgroße Zwiebeln
3 Karotten
250 g grüne Bohnen
2 EL Curry
5 Knoblauchzehen
3 EL Sonnenblumenöl
Salz und Pfeffer

Beilage

Reis oder Fladenbrot

Das Öl in einer großen Pfanne erhitzen und die klein geschnittenen Zwiebeln leicht anbraten. Die Karotten und die grünen Bohnen in dünne Streifen schneiden und in die Pfanne geben. Das Curry in der Pfanne gut verteilen. Den klein gehackten Knoblauch unterrühren und alles braten, bis die Karotten weich sind. Mit Pfeffer und Salz abschmecken. Dazu kann man Reis oder Fladenbrot reichen.

Bonito-Steaks

Bonito-Steaks, Garnelen und Blattspinat in Kokos-Soße

Aus dem mittleren Teil eines ganzen Bonito (➤ unten) acht ca. 2-3 cm dicke Scheiben herausschneiden. Den Rest für Fischfond oder Fischsuppe verwenden. Die Scheiben dann 1-2 Stunden in folgender Marinade einlegen: zwei Zitronen auspressen, die Knoblauchzehe und den frischen Ingwer klein schneiden und mit Salz und Pfeffer nach Geschmack vermischen. Die Garnelen schälen und danach mit dem Fisch marinieren.

Fisch und Garnelen in Pflanzenöl von jeder Seite ca. 3 Minuten bei moderater Hitze leicht braun braten.

Für die Soße Zwiebel, Knoblauch und Ingwer (➤ S. 48) sehr klein schneiden und in Öl andünsten, bis die Zwiebel glasig ist. Jetzt den Blattspinat gemeinsam mit dem Gemüsefond oder der gekörnten Gemüsebrühe dazugeben und unter gründlichem Rühren kurz aufkochen. Auf kleiner Hitze wird das Gemüse nach Zugabe der Kokosmilch in 10-15 Minuten fertig gegart.

Als Beilage ist von Reis über Kartoffeln, Maniok (➤ S. 89) oder Baguette alles empfehlenswert.

Zutaten für 4 Personen

8 Bonito-Scheiben, 2-3 cm dick, ca. 1½-2 kg,
oder Dorade-Scheiben, ca. 1½-2 kg

Saft von 2 Zitronen

1 Knoblauchzehe

1 daumengroßes Stück Ingwer

16 Garnelen

Pflanzenöl

Salz und Pfeffer

Für die Kokos-Soße

1 Zwiebel

2 Knoblauchzehen

30 g frischer Ingwer

500 g Blattspinat

125 ml Gemüsefond oder 1 EL gekörnte Gemüsebrühe

400 ml Kokosmilch

Pflanzenöl

Beilage

Reis, Kartoffeln, Maniok oder Baguette

   Bonito

Der Bonito entstammt der Familie der Makrelen und Tunfische und wird in allen tropischen Meeren und seltener auch in der Nordsee gefischt. Je nach Herkunftsgebiet kann er bis zu 1 m lang werden und wiegt bis zu 10 kg. Oft bekommt man jedoch nur den so genannten »unechten« Bonito. Dieser ist meist nur 50 cm lang und hat ein deutlich dunkleres Fleisch.

Koteletts oder Rippen von der Ziege

Zutaten

Pro Person 2-3 Ziegenkoteletts oder 1 Rippe

1 Knoblauchzehe pro Fleischstück

½ Brühwürfel pro Fleischstück

Saft von 1 Zitrone

Öl

Salz und Pfeffer

Beilage

Salat und Weißbrot oder Kartoffeln

Den Saft der Zitrone, den fein gehackten Knoblauch, etwas Öl und die zerriebenen Brühwürfel zu einer Marinade verrühren. Die Rippen und Ziegenkoteletts (➢ S. 90) 2-3 Stunden darin einlegen. Mit Pfeffer und etwas Salz nachwürzen – aber Vorsicht: Der Brühwürfel enthält schon eine Menge Salz. Danach die Flüssigkeit etwas abtropfen lassen und ab mit dem Fleisch auf den Grill.

Zum gegrillten Fleisch einen frischen Mischsalat und Weißbrot oder frittierte Kartoffeln reichen.

Mufussa –
Getrocknete Bohnenblätter
mit Kokosmilch und Shrimps

Celeste und Castigo Muendane kochen dieses Gericht am liebsten mit den getrockneten Bohnenblättern Mufussa aus ihrer Heimat Mosambik. Hin und wieder schickt ihnen ihre Familie 1-2 kg der getrockneten Blätter. Da sie aber meist ohne diese heimatliche Spezialität auskommen müssen, weichen sie auf hier erhältlichen Grünkohl aus. Und so geht's:

Getrocknete Bohnenblätter in reichlich Wasser waschen, Wasser abgießen und die Blätter 1 Stunde in frischem Wasser weichen lassen und dann in einen Topf legen. Das Einweichen erübrigt sich bei der Verwendung von frischem Grünkohl.

Danach die geschnittene Tomate und die klein gehackte Zwiebel sowie die Kokosmilch zugeben. Aufkochen und bei kleiner Hitze 30 Minuten kochen. Nun die Shrimps zugeben. Den Brühwürfel separat in 250 ml heißem Wasser verrühren, aufkochen und zu dem Gemüse geben.

Alles kochen, bis das Gemüse weich ist, nach Geschmack salzen und pfeffern und dann mit Reis oder Sadza (➤ S. 143), der Maisbreivariante des Fufu (➤ S. 53) aus dem südlichen Afrika, servieren.

Zutaten für 4 Personen

200 g getrocknete Bohnenblätter (Mufussa), ersatzweise
500 g Grünkohl

1 Tomate

1 Zwiebel

400 ml Kokosmilch

300 g Shrimps

1 Brühwürfel Hühnerbrühe

Salz und Pfeffer

Beilage

Reis oder Sadza

Erdnusseintopf

Das Gemüse schälen und klein schneiden. Karotten und Weißkohl in Wasser kochen, abgießen und beiseite stellen. Zwiebel- und Paprikastücke in Öl anbraten. Kreuzkümmel (➤ S. 28), Cayennepfeffer und Senf hinzufügen und kurz mitbraten. Das Ganze mit den passierten Tomaten und der Brühe ablöschen und 5 Minuten kochen lassen. Dann Paprikapulver, Thymian und Erdnussbutter hinzugeben und gut rühren. Mais und Kidneybohnen hinzugeben und nochmals aufkochen. Weißkohl und Karotten hinzufügen. Mit Salz und Pfeffer abschmecken. Den Mangosaft hinzugeben und umrühren. Dazu Sadza (➤ unten) reichen.

Zutaten für 4-5 Personen

2 Karotten
½ kleiner Weißkohl
1 Paprikaschote
2 Zwiebeln
1 EL Kreuzkümmelpulver
1-2 TL Cayennepfeffer
1 EL Senf
500 g passierte Tomaten
300 ml Gemüsebrühe
1 TL Paprikapulver
1 TL getrockneter Thymian
5 EL Erdnussbutter
300 g Mais
300 g Kidneybohnen
250 ml Mangosaft
Salz und Pfeffer

Beilage

Sadza

Sadza

Sadza ist ein Grundnahrungsmittel in Simbabwe wie im übrigen südlichen Afrika, aber auch darüber hinaus auf dem afrikanischen Kontinent. Je nach Region ist es unter verschiedenen Namen bekannt, unter anderem als Ugali in Ostafrika, Pap odder Mealie-Pap in Südafrika und Namibia, Funje oder Pirao in Angola, Fufu (➤ S. 53) in Westafrika. Sadza wird zumeist aus Maismehl, häufig aber auch aus Maniokmehl (➤ S. 89) hergestellt.

2 Liter Wasser aufkochen. Die Hälfte des Maismehls darin unter ständigem Rühren zum Kochen bringen. Topf zudecken und ca. 15 Minuten auf kleiner Flamme kochen lassen. Hin und wieder umrühren. Anschließend restliches Maismehl in kleinen Mengen unter ständigem Rühren zugeben, bis die gewünschte Festigkeit erreicht ist. Einige Minuten weiterkochen lassen. Weiterhin ständig umrühren.

Zutaten für 4-5 Personen

300 g Maismehl
Salz

Gemüsesuppe mit Hackfleisch

Zutaten für 4 Personen

1 EL Butterschmalz
1 Zwiebel
350 g Gehacktes vom Rind
300 g gemischtes Gemüse
500 ml Instant Fleischbrühe
2 EL Sojasoße
100 g Crème Fraîche
Paprikapulver
Salz und Pfeffer

Butterschmalz im Topf zerlassen und darin die gewürfelte Zwiebel anbraten. Das Rinderhackfleisch unter Rühren zugeben. Wenn es vollständig angebraten ist, das Gemüse untermischen und mit Fleischbrühe auffüllen. Die Sojasoße einrühren und mit Salz, Pfeffer und Paprikapulver abschmecken. Wenn Sie wollen, können Sie die Gemüsesuppe noch mit Sahne oder Crème Fraîche verfeinern.

Springbocksteaks
mit Süßkartoffeln und Gemüse

Zutaten für 4 Personen

4 Springbocksteaks
150 ml Rotwein
150 ml Wildfond
100 g Heidelbeeren
Balsamico-Essig
Zucker
150 g Crème Fraîche
Salz und Pfeffer

Süßkartoffeln

grobes Meersalz
4 große Süßkartoffeln
2 Zweige Salbei
2 Zweige Thymian
2 Zweige Rosmarin
125 ml Olivenöl

Gemüse

5 Rote Bete
5 Karotten
5 Zucchini
3 Papaya
Erdnussöl

Steaks im Öl beidseitig anbraten und warmstellen. Rotwein, Wildfond und Heidelbeeren in das Öl einrühren und ca. 15 Minuten köcheln lassen. Dann Balsamico-Essig, Zucker, Salz und Pfeffer dazugeben und alles einkochen, bis die Soße sämig wird; dabei soll der Zucker karamellisieren. Steaks zurück in die Soße legen und ziehen lassen. Mit Crème Fraîche verfeinern.

Süßkartoffeln: In einer Backform ein Bett aus grobem Meersalz aufschütten und die der Länge nach halbierten Süßkartoffeln (➤ S. 125) darauf legen. Die Kräuter zerdrücken, salzen und pfeffern und mit dem Olivenöl vermischt gleichmäßig auf den Kartoffeln verteilen. Ca. 70 Minuten im Backofen garen.

Gemüse: Rote Bete ca. 1 Stunde im Backofen garen, dann abkühlen lassen und die Haut abziehen. Die Karotten putzen, schneiden und 10 Minuten in kochendem Wasser garen, kalt abschrecken und beiseite stellen. Jetzt Rote Bete, Zucchini und Papaya in gleich große Stücke schneiden und in Erdnussöl 10 Minuten schmoren. Die Karotten dazugeben und mit Salz und Pfeffer abschmecken.

Flambierter Obstsalat

Banane und Apfel in dünne Scheiben schneiden und sofort mit Zitronensaft beträufeln, damit das Obst nicht braun wird. Die Weintrauben halbieren, Papaya und Kiwi schälen und klein schneiden. Dann alle Früchte auf einem großen Teller anrichten. Kurz vor dem Servieren den aufgefangenen Saft mit dem Puderzucker verrührt auf dem Obst verteilen, den Rum darüber gießen und sofort mit einem langen Streichholz anzünden. Vorsicht: Stichflamme!

Zutaten für 4 Personen

1 Banane

1 süßer Apfel

1 Papaya

2 EL Zitronensaft

100 g blaue Weintrauben

1 Kiwi

2 EL Puderzucker

4 EL brauner Rum (50%)

Als Touristenführer in Botswana lernte Heinrich Betzel die regionale Küche des Südlichen Afrikas kennen. Auf seinen ausgedehnten Touren zeigte er den Besuchern nicht nur die vielfältige Natur. Indem er für seine Gäste die einheimischen Spezialitäten zubereitete, machte er sie auch mit der Lebensweise der Bewohner Botswanas vertraut. Auf diesen Reisen entstanden eine Reihe seiner schönsten Landschafts- und Tiergemälde. Heute betreibt er ein Atelier im hessischen Lich, in dem er auch Malkurse für Kinder und Erwachsene anbietet. Hier hat er einen dreigängigen Menüvorschlag zusammengestellt.

Springbocksteaks

Carapao-Filets
mit Maniokblattgemüse

Den Trockenwels in einem Topf mit Wasser einweichen. Je nach Trocknungsgrad kann das von einigen Stunden bis zu 2 Tagen dauern. Der Fisch ist fertig, wenn sich mit sanftem Fingerdruck Wasser herauspressen lässt und der Fisch sich danach immer noch feucht anfühlt. Den Fisch sorgfältig entgräten und in kleine Stücke brechen. Die Haut sollte man wegen des starken Aromas auf keinen Fall wegwerfen. Auch hier Grätenreste gut entfernen und die Haut beiseite legen.

Die tiefgefrorenen Maniokblätter vorsichtig bei Zimmertemperatur auftauen. Wenn sie nicht schon klein geschnitten sind, können die Blätter mit dem Wiegemesser fein zerkleinert werden. Je nach Geschmack kann man sie aber auch in größere Stücke schneiden; etwa wie Blattspinat. Sollten Sie irgendwo frische Maniokblätter aufgetrieben haben, werden diese genauso zerkleinert.

Die Maniokblätter nun mit den fein gehackten Zwiebeln, dem geschnittenen Stangensellerie, der geschnittenen Aubergine oder den Paprikaschoten in einen Topf geben und mit Wasser auffüllen. Der in Dosen erhältliche vorgewürzte Blattmaniok »Pondou« rundet den Geschmack ab. Mit etwas Salz und Pfeffer gut 1 Stunde kochen. Das Gemüse ist fertig, wenn der typische »Blattgeruch« verschwunden ist. Jetzt den Trockenfisch (➤ S. 59) in den Topf geben (die Haut nicht vergessen!) und weitere 20 Minuten köcheln lassen. Eventuell noch einmal nachwürzen.

Den Carapaos werden vor dem Braten die Filets herausgeschnitten. Dann etwas Palmöl (➤ S. 148) in die Pfanne geben. Wenn es heiß ist, 1 EL Butter unterrühren und, sobald sie nicht mehr schäumt, die Filets von beiden Seiten kurz braten.

Fischfilets und Maniokblattgemüse auf Teller aufteilen. Kartoffeln, Süßkartoffeln (➤ S. 125) oder auch Grießbällchen eignen sich als Beilage.

Zutaten für 4 Personen

1 getrockneter Wels, ca. 300 g

*200 g gefrorene Maniokblätter;
falls erhältlich
frische Maniokblätter*

1 Zwiebel

1 Stange Sellerie

*1 Aubergine oder
3 kleine grüne
Spitzpaprikaschoten*

500 g Pondou (vorgewürzter Blattmaniok)

*2-3 Carapaos (auch Stöcker oder Bastardmakrele)
= ca. 600 g Filet*

Butter

Palmöl

Salz und Pfeffer

Beilage

Kartoffeln, Süßkartoffeln oder Grießbällchen

Makrele in Tomatensoße

Zutaten für 4 Personen

Palmöl
1 Zwiebel
1 daumengroßes Stück Ingwer
1 Stange Sellerie
5 Zweige Petersilie
3 Zweige Basilikum
3 Nelken
5-7 EL Tomatenmark
300-400 g Räuchermakrele
Salz und Pfeffer

Beilage

*Kartoffeln, Süßkartoffeln
oder Grießbällchen*

Palmöl (➤ unten) erhitzen und die klein geschnittene Zwiebel kurz anbraten. Fein gehackten Ingwer (➤ S. 48), Sellerie, Petersilie, Basilikum und die Nelken dazugeben. Tomatenmark einrühren und 20 Minuten auf kleiner Flamme garen. In der Zwischenzeit die Makrele enthäuten und alle Gräten entfernen. Den Fisch in kleine Stücke brechen, unterrühren und 5 Minuten erhitzen. Mit Salz und Pfeffer nachwürzen.

Als Beilage eignen sich Kartoffeln oder Süßkartoffeln (➤ S. 125), aber auch Grießbällchen.

   Palmöl

Das Öl wird aus dem Fruchtfleisch der Ölpalme gewonnen. Es ist das in Afrika am meisten zum Kochen verwendete Öl. Aus den Kernen der Früchte presst man dagegen das Palmkernöl, welches häufig bei der Herstellung von Margarine Verwendung findet. Auf Grund des hohen Anteils gesättigter Fettsäuren ist Palmkernöl ein festes Fett. Wegen des hohen Karotinanteils hat Palmöl eine rötliche Färbung, die aber bei der weiteren Verarbeitung verloren geht. Bei nicht so sorgfältigen Produktionsmethoden entsteht oft ein trübes und gefärbtes Öl. Palmöl eignet sich sehr gut zum Kochen und Braten und enthält viel Vitamin A und E.

Weltweit rangiert die Palmölproduktion noch vor Sojaöl an erster Stelle. Davon wird der weitaus größte Teil allerdings für die industrielle Nahrungsmittelproduktion verwendet. Nur ein geringer Teil findet Verwendung in anderen Produkten und Biokraftstoffen.

Palmöl wurde bereits in 3000 Jahre alten ägyptischen Gräbern nachgewiesen. Auch einige Aufzeichnungen europäischer Reisender in Westafrika aus dem 15. Jahrhundert stützen die Vermutung seiner Jahrtausende langen Anwendung als Nahrungsmittel.

Mfumbua –
Wilde Blätter mit Trockenfisch

Je nach Trocknungsgrad des Trockenfisches (➢ S. 59) muss dieser einige Stunden bis 1 Tag vor dem Kochen in Wasser eingeweicht werden. Der Fisch ist fertig, wenn sich mit sanftem Fingerdruck Wasser herauspressen lässt und der Fisch sich danach immer noch feucht anfühlt.

Die Mfumbua-Blätter sind in angolanischen oder kongolesischen Afrika-Shops erhältlich. Die Blätter in reichlich Wasser auftauen und zum Kochen bringen. Dann auf kleiner Flamme köcheln lassen und die Erdnusspaste, das Tomatenmark, die Lorbeerblätter und die klein geschnittene Tomate, Zwiebel und Knoblauch zufügen.

Jetzt den Trockenfisch mit den Fingern in kleine Stücke brechen, sorgfältig die Gräten entfernen und gemeinsam mit dem Palmöl (➢ S. 148) unterrühren. Weitere 15 Minuten kochen und rühren, bis der Fisch im Gemüse zerfallen und kaum mehr erkennbar ist. Mit Salz und Pfeffer abschmecken. Mfumbua mit Funje, der angolanischen Variante des westafrikanischen Fufu (➢ S. 53), oder Reis servieren.

Zutaten für 4 Personen

400 g Trockenfisch
300 g gefrorene Mfumbua-Blätter
1 EL Erdnusspaste
1 EL Tomatenmark
2 Lorbeerblätter
1 Tomate
1 Zwiebel
3 kleine Knoblauchzehen
125 ml Palmöl
Salz und Pfeffer

Beilage

Funje oder Reis

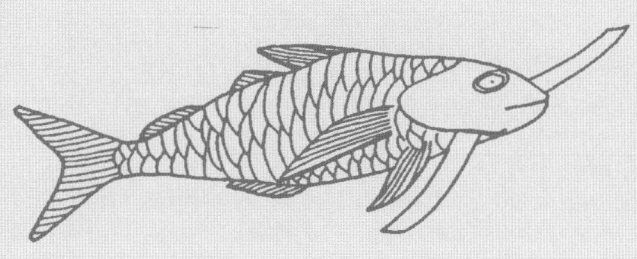

Gebratener Tilapia
mit Spinatgemüse

Zutaten für 4 Personen

1 Tilapia, ca. 1 kg
7 Knoblauchzehen
4 Zweige Koriander
1 Bund Frühlingszwiebeln
250 ml Pflanzenöl
1 kg Blattspinat
1 Zwiebel
1 Zitrone
Salz und Pfeffer

Beilage

Funje, Süßkartoffeln
oder Reis

Den Fisch gründlich unter fließendem Wasser waschen. Drei Knoblauchzehen, den Koriander von drei Zweigen und die Frühlingszwiebeln klein hacken, mit dem Öl zu einer Marinade vermischen, salzen und pfeffern und den Fisch darin über Nacht im Kühlschrank stehen lassen.

Am nächsten Tag Blattspinat putzen, waschen und dann blanchieren. Dazu den Spinat in reichlich Wasser ca. 1 Minute aufkochen und danach sofort in Eiswasser abkühlen. In der Zwischenzeit Pflanzenöl in einer großen Pfanne erhitzen. Die Zwiebel und vier Knoblauchzehen fein gehackt kurz anbraten, Spinat dazugeben und alles kochen, bis der Spinat weich ist. Nach Geschmack salzen und pfeffern. In der Zwischenzeit den Fisch aus der Marinade nehmen, vorsichtig abwischen und im Ganzen in Öl braten.

Den Fisch auf einem Teller mit dem Spinat und einigen Zitronenscheiben anrichten. Den restlichen Koriander klein hacken und darüber streuen.

Als Beilage eignen sich Funje, die angolanische Variante des westafrikanischen Fufu (➢ S. 53), Süßkartoffeln (➢ S. 125) oder Reis.

Mudfish
mit weißen Bohnen in Tomate

Getreu seinem Namen lebt der Mudfish (mud = engl. für Schlamm) nahe dem Gewässergrund und sollte deshalb gründlich unter fließendem Wasser gewaschen werden, um Sand und andere Verunreinigungen herauszuspülen. Erhältlich ist der Mudfish in Asia- oder Afrika-Shops. Teilweise auch unter dem Namen Lungfish, der südafrikanischen Unterart.

Bohnen über Nacht in Wasser einweichen lassen, Wasser abgießen, Bohnen mit zwei gehackten Knoblauchzehen, einer halben Zwiebel und den Lorbeerblättern in reichlich Salzwasser kochen. Wenn die Bohnen weich sind, das Wasser abgießen. In einer großen Pfanne das Palmöl (➤ S. 148) erhitzen und die verbliebenen zwei Knoblauchzehen und die halbe Zwiebel fein gehackt anbraten. Wenn die Zwiebel glasig wird, die passierten Tomaten und das Tomatenmark unterrühren. Kurz aufkochen und die Mischung unter die Bohnen rühren. Alles zusammen weitere 5 Minuten kochen lassen.

Den Maniok nach dem Waschen und Schälen halbieren und die harte, ungenießbare Mittelvene herausschneiden (➤ S. 89). Die beiden Hälften in fingergroße Stücke schneiden und in ca. 20 Minuten weich kochen. Um die Bildung von giftigem Linamarin zu unterbinden, die Kochzeit keinesfalls unterschreiten.

Kochbananen (➤ S. 83) als Chips frittieren (➤ S. 48).

Den Fisch in kurze Stücke schneiden, die Mittelgräte entfernen und die Fischstücke in heißem Palmöl braten. Anschließend salzen und pfeffern.

Fisch und Bohnengemüse mit dem Maniok und den frittierten Kochbananen auf einem großen Teller anrichten und in die Tischmitte stellen. Sehr gut passt auch Funje, die angolanische Variante des westafrikanischen Fufu (➤ S. 53) als Beilage.

Zutaten für 4-6 Personen

1 Mudfish, ca. 1½-2 kg
1 kg mittelgroße weiße Bohnen
4 Knoblauchzehen
1 Zwiebel
3 Lorbeerblätter
250 ml (maximal) Palmöl
250 g passierte Tomaten
2 EL Tomatenmark
1 Maniokwurzel
2-3 Kochbananen
Salz und Pfeffer

Beilage

Funje
Maniok
Frittierte Kochbananen

Trockenfisch
in Palmcreme und Erdnusssoße

Zutaten für 4 Personen

2 Trockenfische (z. B. Wels, je ca. 500g)
200 g Palmcreme
2 EL Erdnusspaste
5 Tomaten
3 Lorbeerblätter
1 große Zwiebel
1 daumengroßes Stück Ingwer
2 Zweige Koriander
2 Zweige Basilikum
Salz und Pfeffer

Beilage

Reis oder Funje

Je nach Trocknungsgrad des Trockenfisches (➤ S. 59) muss dieser einige Stunden bis 1 Tag vor dem Kochen in Wasser eingeweicht werden. Danach den Fisch sorgfältig entgräten und in kleine Stücke zerbrechen.

Palmcreme und Erdnusspaste mit etwas Wasser unter häufigem Rühren aufkochen. Dann die klein geschnittenen Tomaten, die Lorbeerblätter sowie die fein gehackte Zwiebel, den klein geschnittenen Ingwer (➤ S. 48) und die Kräuter unterrühren. 20 Minuten bei kleiner Hitze kochen, den Trockenfisch zugeben und weitere 15 Minuten kochen. Mit Salz und Pfeffer abschmecken.

Als Beilage bietet sich Reis oder Funje (➤ S. 53), die angolanische Variante des westafrikanischen Fufu, an.

Gefüllter Ziegenmagen

Gefüllter Ziegenmagen

Innereien und das fette Fleisch klein würfeln, die Kräuter waschen, die Blätter von der Hälfte der Zweige abzupfen und alles mit einem Schuss Olivenöl vermischen. Mit Salz und Pfeffer würzen. Die gut gereinigten Magenhäute (➤ unten) in ca. 10-15 cm große Stücke schneiden und die vorbereiteten Innereien darin einrollen. Die Päckchen mit Lebensmittelbindfaden gut zusammenschnüren. In einen großen Topf stapeln, mit Wasser auffüllen. Übrige Kräuterzweige, geschälte Knoblauchzehen und die halbierten Zitronen dazugeben. Während der darauf folgenden zweistündigen Kochzeit wird sich der strenge Geruch nach und nach verlieren. Nun die Rollen aus dem Sud nehmen und beiseite stellen. Den Sud über ein Sieb in einen zweiten Topf gießen, die Erdnusscreme darunter rühren, aufkochen und die Magenrollen noch einmal kurz darin aufwärmen.

Als Beilage eignen sich Reis, Funje, die angolanische Variante des westafrikanischen Fufu (➤ S. 53), oder auch gekochte Kartoffeln.

Dieses Gericht ist ein gutes Beispiel dafür, wie der Kochvorgang etwas, das vielen zunächst unappetitlich erscheinen mag, zu Köstlichem verwandelt.

Zutaten für 4 Personen

600 g Ziegeninnereien wie Herz, Niere, Leber

Einige Stücke möglichst fettes Ziegenfleisch

3 Zweige Thymian

3 Zweige Koriander

2 Ziegenmägen

3 Knoblauchzehen

2-3 unbehandelte Zitronen

1 EL Erdnusscreme

Olivenöl

Salz und Pfeffer

Beilage

Reis, Funje oder Kartoffeln

   Ziegenmagen (Pansen)

Frischer Ziegenmagen ist nicht ganz leicht zu beschaffen. Gewisse Chancen bieten marokkanische Lebensmittelgeschäfte, in denen so etwas auf Bestellung teilweise erhältlich ist. Der Magen, auch Pansen genannt, muss unter fließendem kalten Wasser gründlich gewaschen werden. Die Finger benutzen, um die Magenhaut von allen locker anhaftenden Gewebeteilen zu befreien. Um den strengen Geruch des Wiederkäuermagens zu beseitigen, empfiehlt sich ein letzter Waschgang unter Zugabe von Zitronensaft.

Coconut-Fish

Zu den größten Einwanderergruppen in Südafrika zählten in britischen Kolonialtagen Südostasiaten. Auf sie geht der starke Einfluss der asiatischen Küche auf die Kap-Küche zurück. Auch das nachfolgende Rezept dürfte hier seinen Ursprung haben.

Den Backofen auf 150°C vorheizen. Eine Gratinform mit Öl einpinseln und die fein gehackten Frühlingszwiebeln darin ausstreuen. Fischfilets beidseitig mit Fleur de Sel bestreuen und auf die Zwiebeln legen. Limettensaft, Kokosnussmilch und Curry verrühren und mit Meersalz abschmecken. Geschälte und gehackte Fleischtomaten hinzufügen und alles über den Fisch gießen. Die Shrimps gleichmäßig darauf verteilen und die halbierten Cherrytomaten am Rand der Form verteilen. Fein gehackten Ingwer (➢ S. 48) und gehackte Chilischoten über das Gericht streuen.

Die Gratinform in die Mitte des Backofens schieben. 20-25 Minuten garen. Nach dem Garen mit dem gehackten Koriander bestreuen und mit Reis servieren.

Zutaten für 4 Personen

4 Frühlingszwiebeln

600 g Fischfilet (Zander, Red Snapper, Loup de Mer, Pangasius o. ä.)

Fleur de Sel nach Geschmack

Saft von 2 Limetten

½ EL Kokosnussmilch

1 TL Curry

12 Cherrytomaten

200 g Shrimps

2-3 Fleischtomaten

60 g Ingwer

1 grüne Chilischote

1 rote Chilischote

1 Bund Koriander

Speiseöl für die Form

Beilage

Reis

Süßkartoffeln
mit Straußenfleisch und Bohnen

Die Süßkartoffeln (➤ S. 125) waschen und kochen. Wie bei normalen Speisekartoffeln erhält man auch bei Süßkartoffeln einen intensiveren Geschmack, wenn sie mit der Schale gekocht werden. Das Straußenfleisch wie Gulaschwürfel schneiden und kurz in Butter anbraten. Dabei sollte zuerst die Butter in der Pfanne erhitzt werden. Wenn sie abgeschäumt ist, gibt man das Fleisch dazu. Jetzt auch Knoblauch und Petersilie klein gehackt darunter mischen. Das Ganze mit dem Olivenöl auffüllen, mit Chili, Salz und Pfeffer nach Geschmack würzen, Wasser zugeben und ca. 30 Minuten kochen lassen.

In der Zwischenzeit die Spitzpaprika und die Bohnen oder Okra (➤ S. 70) in Olivenöl bei kleiner Hitze braten. Die gar gekochten Süßkartoffeln inzwischen schälen, vierteln und schließlich zu dem Gemüse in die Pfanne geben und kurz anbraten.

Fleisch, Gemüse und Süßkartoffeln auf den Tellern anrichten. Als Beilage eignet sich Reis oder auch ein Vollkornbaguette. Dazu empfiehlt sich ein trockener kräftiger Rotwein.

Zutaten für 4 Personen

4 Süßkartoffeln

500-600 g Straußenkeule

Butter

1 Knoblauchzehe

2 Zweige Petersilie

8 kleine grüne Spitzpaprika

400 g grüne Bohnen
oder Okraschoten

2-3 EL Olivenöl

Chilipulver

Salz und Pfeffer

Beilage

Reis oder Vollkornbaguette

Alphabetisches Register

Alphabetisches Register

Alphabetisches Register

Alphabetisches Register

Sachgruppenregister

Sachgruppenregister

Fleischgerichte

Fischgerichte

Sachgruppenregister

Sachgruppenregister